내 지도의 열두 방향

내 지도의 열 두 방향

2009년 6월 20일 | 초판 2쇄 인쇄
2009년 6월 26일 | 초판 2쇄 발행

지은이 | 박정석

발행인 | 전재국
북스사업본부장 | 이광자
편집주간 | 이동은
책임편집 | 권희대
미술팀장 | 조성희
마케팅팀장 | 정유한
책임마케팅 | 김동준

발행처 | (주)시공사
출판등록 | 1989년 5월 10일(제3-248호)
주소 | 서울특별시 서초구 서초동 1628-1(우편번호 137-878)
전화 | 편집(02)2046-2846 · 영업(02)2046-2800
팩스 | 편집(02)585-1755 · 영업(02)588-0835
홈페이지 | www.sigongsa.com

ISBN 978-89-527-5074-7

값은 뒤표지에 있습니다.
파본이나 잘못된 책은 교환하여 드립니다.

내 지도의 열두 방향

시공사

작가의 말

나의 유산,
자질구레 괴상망측 경험들

살다보면 왜, 라는 질문이 의미를 잃게 되는 시점이 있다. 예를 들어 면접관의 질문에 답하기 전, 결혼서약 전, 혹은 키스 직전 같은 순간.

"브라질에 가려고 합니다."

오래 전 학교를 그만두겠노라 지도교수에게 말했을 때, 교수는 그 이유를 묻지 않았다. 천 몇백 달러 주고 구입했다는 인체공학적 디자인의 가죽 안락의자에 몸을 깊숙이 파묻은 채 "브라질……"하고 신음했을 뿐이다. 기름진 그 Z발음이 지금도 기억난다.

그 후로도 오랫동안 나는 왜, 라는 질문을 받지 않고 지냈다.

"거긴 대체 왜 갔는데요?"

2005년 한 출판사에서 공모한 논픽션 상에는 상금도 딸려 있었다. 그 돈으로 한 달 동안 서아프리카의 가나(Ghana)를 구경할 수 있었다. 돌아와 출판사 관계자를 만났을 때 그 질문을 받았다. 가나

에는 왜 갔습니까.

　왜, 라고 묻지 않게 된 이유 중 하나는 정확한 답을 듣는 것이 불가능함을 깨달았기 때문이다. 그러나 세상의 많은 닉천주의사들을 위하여, 거듭 실패해도 결코 낙담하지 않는 그들을 위해서 몇몇 흔한 질문에 대한 대답은 미리 준비해두는 것도 좋겠다. 막상 그 순간이 닥쳤을 때 당황하지 않으려면.

　여행을 왜 합니까.
　이렇게 대답해야겠다. 여행은 세상에 대한 건전한 호기심(남의 집 안방을 몰래 엿보는 관음증과 대비되는)을 채우기에 독서만큼 효과적인 거의 유일한 방법이라고.

　누군들 여행을 원하지 않을까. 견문을 넓힐 수 있을 뿐더러 밥도 청소도 할 필요가 없다. 전기를 아껴야 한다는 강박증에 시달리지 않아도 된다. 온전히 자신만을 위한 시간이다. 행복해지지 않을 수 없는 시간이다.

그래서 친구들이 자식을 줄줄이 낳고 어엿한 학부모가 되는 동안 나는 고독하게 여행하며 세상 구경을 했다. 그러나 시간은 공평하게 흐르고, 여기 아니면 어디라도 좋았던 그 시절은 진작 막을 내렸다. 이제 내게 남은 것은 오로지 풍부한 경험들, 아쉽게도 실질적인 쓰임새는 별로 많지 않은 매우 자질구레하고 일견 괴상망측한 각종 경험들뿐이다.

다시 말해서 기억들. 이 책에 그 기억의 단편들을 담았다. 1990년부터 2007년 4월까지 18년에 걸친 여행기록의 일부이다.

여행을 왜 합니까.

묻지 않을 테니 스스로 그 답을 찾으시길 바란다.

Contents

목차

작가의 말
나의 유산,
자질구레 괴상망측 경험들 · 4

프롤로그
금발머리 왕자들은 어디로 갔는가 · 12

Journey 01
ASIA

지상에서 가장
아름다운 바닷가

마약 같은 해변 · 24
신비의 디저트, 지마를 찾아서 · 38
라오스에서 만난 여대생 · 56
발리에서 생긴 일 · 70

Journey 02
INDIA

성과 속, 오감의 자극

탄두리 나이트 · 86
여행지에서 고독한 이유 · 98
물고기 눈을 가진 여신의 도시 · 108

Journey 03
SOUTH AMERICA

낯선 공간, 마술의 시간

누드비치 아메리카 · 124
해변과 코로나 · 134
나는 말을 타 본 적이 없단 말이야! · 142
이상한 마을 · 154

Journey 04
AFRICA

인간이 지배할 수 없는 대륙

나의 아름다운 말라위 호 횡단기 · 164
짐바브웨 결혼식 참례기 · 178
혼자 여행하는 여자는 자유연애주의자 · 194
숟가락이 없는 농장 · 202

금요일에 태어난 남자 · 214
모두를 위한 천국 · 232

Journey 05
JAPAN

4월의 일본여행

로스트 재팬 · 246
작은 것의 미학 · 254
이자까야 경험 · 259
밧데라 스시 · 265
고독에 대해서 · 269
행복을 위하여 · 274

Afternote · 278

지금 말해다오, 그러면 내 답할 테니
내가 너를 어떻게 도와야할지, 말하라
바람의 열 두 방향으로
끝없는 나의 길을 떠나기 전에

_A. E. 하우스만

prologue

금발머리 왕자들은 어디로 갔는가

　가만 있어보자.
　나이를 먹다보니 기억의 책갈피에서 뭣 하나 꺼내려 해도 툭하면 십 몇 년 전으로 거슬러 올라간다. 나의 첫 번째 유럽여행은 1991년도였다. 어리고, 순진하며, 고생을 번지점프처럼 흥미진진해하던 철없고 낙천적인 시절이었다. 대학동기 한 명과 함께 오래 계획한 유럽행이었는데, 우리는 닥치는 대로 아르바이트를 해서 돈을 모으고, 강의시간 틈틈이 교수님 몰래 몇 권의 가이드북을 여러 차례 독파했다. 유럽을 가보지 않고도 이미 가 본 듯한 기분이 들 때까지 열심히 자료를 읽고 필요한 것은 수첩에 깨알 같은 글씨로 베껴놓았다. 그런 열성으로 공부를 했더라면 매 학기 능히 장학금을 탈 수 있었으리라.
　준비가 모두 끝나자 대학생 배낭여행 전문임을 내세우는 시내의 어느 여행사를 찾아가 유럽행 왕복 항공권과 유레일패스를 구입했다. 이미 유럽으로 배낭여행을 다녀온 대학생들을 임시직원으로 채용한 여행사였다. 소위 '전문가'라고 신분을 밝힌 그 사람들은 나와 내 친구가 여행에 대해 수줍은 질문을 던질 때마다 어찌나 면박을 주던지 어리고 무지한 우리는 잔뜩 주눅이 들어 어두운 얼굴로 여행사를 나섰다.

어떤 난감한 일이 벌어져도 서울의 여행사로 수신자 부담 전화는 걸지 말라는 것, 걸어봤자 안 받을 것이라는 것이 우리가 그때 여행사에서 마지막으로 들은 주의사항의 요지였다. 사은품으로 유럽여행 지침서-경비를 아끼기 위한 방법으로 끼니때마다 빵과 잼, 물을 먹고 밤기차에서 잠을 자는 방법을 소개한-한 권과 뱃속에 비밀리에 차도록 고안된 복대, 여행사 이름이 선명하게 찍힌 알록달록한 색깔의 대형 배낭을 하나씩 얻었다.

"덕분에 배낭은 따로 사지 않아도 되겠군 그래."

그렇게 두 여학생은 얼마 안 되는 돈과 몹시 무거운 배낭, 그리고 부푼 기대를 안고 유럽으로 날아갔다. 꿈꾸던 곳에 도착한 흥분도 잠시, 얼마 지나지 않아 뜻밖에도 심각한 정체성 문제를 겪게 되었다. 여행 내내 가는 곳마다 우리와 꼭 같은 배낭을 짊어진 동포 대학생들과 줄기차게 마주쳤기 때문이다.

89년 해외여행 자유화 이후 유럽 배낭여행이 한국의 대학생들 사이에서 마른 벌판의 불길처럼 번져나가던 시절이었다. 유럽은 넓었지만 여행책자에 등장하는 명소들은 모범답안처럼 뻔히 정해져 있었고 초행길을 나선 우리들의 일정도 마찬가지였다. 밝은 형광색의 그 배낭은 높이 세운 깃발마냥 어디서나 쉽게 눈에 띄었고 그렇다고 어디론가 재빨리 감춰버리기에는 너무나 거대했다. 낯선 곳을 헤매며 나와 내 친구, 그리고 우리와 같은 여행사에서 항공권을 구입한 대학생들은 근심어린 표정과 똑같은 배낭 때문에 마치 형제처럼 닮아 있었다.

"어쩐지 약간 창피한데. 마치 근친상간으로 이루어진 단란한 대가족의 일원이 된 것처럼."

친구가 이렇게 말했다. 파리의 에펠 탑 앞에서, 독일의 하이델베르크 성곽에서, 스위스의 맑고 푸른 레만 호에서, 로마의 트레비 분수 앞에서, 우리는 끊임없이 형제자매들과 마주쳤고 각 컴파트먼트(compartment, 기차의 칸)에서 한국말이 오가는 기차를 타고 다니다 보니 결국 진정한 여행의 의미에 대해 약간 회의를 품게 되었다. 몇 주일째 경비절약을 위해 매끼 잼 바른 빵과 오렌지, 물만 먹어 기력도 눈에 띄게 떨어진 상태였다. 휴식이 필요했다.

"북유럽과 스페인 둘 중에 하나를 골라 봐. 어서 그곳으로 뜨자."

중부유럽에 충실할 생각이던 우리는 애초의 계획을 바꿔서 더 멀고 덜 유명한 곳으로 가기로 했다. 스페인은 유럽대륙의 남서쪽 끝, 북유럽은 북쪽 끝에 있었다. 시간과 경비의 제약상 두 지역을 모두 가는 것은 불가능했다. 나는 북유럽을 원했지만 친구는 생각이 달랐다.

"유럽에서 멋지지 않은 곳이 어디 있겠니? 하지만 북유럽은 너무 비싸다니 스페인으로 가자. 거긴 그나마 물가가 좀 싸다던데."

우리는 스페인으로 향했다. 마드리드에서 하루 종일 남하하여 도착한 안달루시아 지방에서 평화롭고, 고요하며, 끔찍하게 뜨거운 여름날을 보냈다. 아름다운 알람브라 궁전을 구경한 것 이외에 형광색 배낭의 물결에서 이탈한 정도가 스페인 여행의 가장 큰 수확이라고 할 만했다.

"그때 스페인에 가길 잘 했지. 북유럽이라니, 무슨 재미가 있었겠니?"

친구의 말이다. 이미지의 선명함에 있어서 북유럽은 확실히 스페인에 비할 바가 아니긴 했다. 이글거리는 태양과 오래 지속된 전쟁, 새빨간 치맛자락을 펄럭이는 검은 머리의 카르멘과 끝도 없이 펼쳐진 샛노란 해바라기 밭이 연상되는 스페인에 비해서 북유럽이라면 격렬함이 박탈된 얼어붙은 회색 땅과 차갑고 거친 바다, 엄청나게 비싸다는 물가가 떠오를 뿐이었다. 춥고, 고독하며, 살기에 척박한 땅이여.

그때 내가 북유럽에 가고 싶었던 것은 오직 한 가지 이유 때문이었는데, 그것을 입 밖으로 낸다는 것은 약간 부끄러운 일이었다. 그 후 오랜 시간이 지난 어느 해, 나는 혼자서 살짝 북유럽을 찾아갔다. 성인영화 보러 가는 조숙한 중학생의 마음으로.

북유럽에 대해 내가 품은 환상의 대부분을 차지한 것은 바로 그 땅에 살고 있는 남자들이었다. 환상은 인간만의 특권이며 남자에 대해 환상을 품는 것은 여자들과 일부 게이들만의 특권이다. 그동안 나는 내 친구들이 일본 남자-세련된 외모와 가학적이리라 추측되는 성적 취향 때문에-와 중국계 미국 남자-친절한 성품과 매너, 부유함 때문에-그리고 영국 남자-괴상한 악센트와 귀족적 면모 때문에-에 대해서 다양한 환상들을 가지는 것을 옆에서 보아왔고 그 환상을 산산이 깨뜨리는 논리적인 발언을 하는 일에 사악한 기쁨을 느껴온 터였다.

나의 경우, 북유럽 남자에 대한 환상은 역사가 너무나 오래되어 그 시작이 도무지 기억나지 않을 정도였다. 하긴 잘 아는 것보다는 모르는 것을 동경하는 것이 언제나 더 쉬운 법이다. 내가 그동안 직접 만나본 적이 없다면 그것은 바로 북유럽 인으로, 기껏 알고 있는 북유럽 남자라고 해봐야 오래 전 TV로 그 활약상을 지켜본 몇 명의 스웨덴 출신 테니스 스타들이 거의 전부였다.

미국의 프로 농구나 프로 야구, 그리고 프로 골프와 프로 레슬링이 들어오기 전 주말마다 한국의 외국 스포츠 마니아들(우리 오라버니도 그 중 한 명이었다)을 사로잡은 것은 바로 프로 테니스였다. 우리 남매는 월간 테니스 잡지를 한 권 정기 구독했는데, 오빠는 짧은 치마를 입고 기묘한 포즈로 깡충 점프하는 동유럽 출신 여자 선수들의 뒷모습을 포착한 사진에, 나는 투명한 땀방울을 튀기며 사력을 다해 라켓을 휘둘러대는 금발머리 남자들의 고통스러운 표정에 매료되곤 했다. 윔블던, US오픈, 호주오픈……이름만 들어도 고상하고 어딘지 멋있었다.

솔직히 말해서, 나는 지금도 슈테판 에드베리(Stephen Edberg)를 떠올리면 어쩔 수 없이 가슴이 뛴다. 그보다 더 근사한 남자를 도저히 상상할 수 없던 시절이 있었다. 카리스마와 명성이라면 한 시대를 풍미한 비요른 보리-히피처럼 긴 노랑머리에 이마를 가로지른 헤어밴드가 트레이드마크인 선수였는데 아주 실력이 좋았다-가 약간 앞설지도 모르지만 슈테판은 내가 기억하는 한, 역대 북유럽이 배출한 가장 핸섬한 테니스 선수였다.

그가 그랜드슬램까지 달성했는지는 기억나지 않지만 전성기 몇 년 동안 세계 랭킹 1위를 굳게 지킬 정도로 실력도 매우 출중했다. 끝이 날카롭게 휘어져 올라간 조그만 코와 수레국화 색깔처럼 밝은 하늘색 눈동자, 은빛에 가까운 연한 금발에 이르기까지, 내가 북유럽 인의 정형이라고 생각해온 몇 가지 특징들이 잘 조화를 이루고 있는 미남자로 게다가 바이킹답게 육체적 강인함까지 깃췄으니 완벽 그 자체였다. 기쁨과 슬픔의 편차가 크지 않은 점잖고 매너 좋은 선수로 그의 얼굴에는 다른 어떤 유럽국가의 남자에게서도 느껴지지 않는 아주 고상한 느낌이 있었는데 그것이 정확히 무엇인지 어린 나로서는 알 도리가 없었다.

여러 면에서 북유럽은 남유럽과 대비를 보인다. 기후가 그렇고, 물가가 그렇고, 사람들의 외모와 성격이 그렇다. 시끌벅적한 남유럽에 비해 북유럽은 고요했고, 남유럽이 이리저리 자유롭다면 북유럽은 단정하고 치밀하게 정돈되어 있었다. 북유럽 국가들은 부유하고, 청결하며, 질서정연하고, 약간 심심했다. 오줌 냄새 물씬 풍기는 골목도, 낡은 포석 위에 여기저기 널린 애완견의 배설물도, 음침한 표정으로 두 손을 감춘 채 슬금슬금 접근하는 집시도 눈에 띄지 않았다. 집시들이 생존하기에는 생활비가 너무 비싼 탓이리라.

전통적인 부자 동네답게 거지도, 도둑도, 치한도 없었다. 자로 잰 듯 완벽하게 균형이 잡힌 위풍당당한 건물이 늘어선 거리에 모범적인 시민들이 선량한 표정으로 걸어 다녔다. 시골로 내려가면 웅장한 자연이 어디에나 펼쳐졌다. 파란 유리를 끼운 듯 맑고 잔잔한 호숫가에는 그림처럼 어여쁜 집들이 가득할 뿐 그 흔한 쓰레기 하나 없었다. 세상을 실제보다 아름답게 그려낸 만화 속 풍경처럼.

놀랄만한 청결함 이외에도 북유럽이 내가 살던 곳과 완전히 다른 세계로 느껴진 것은 다음의 세 가지 때문이었다.

첫 번째는 거인 나라처럼 몸집이 커다란 사람들. 듣던 대로 북유럽 인들은 키가 매우 커서 그 틈에 섞인 나는 어딜 가나 난쟁이처럼 느껴졌다. 두 번째는 엄청나게 비싼 물가. 북유럽은 전 세계에서 물가가 가장 높은 지역으로 그동안 내가 가본 어디-일본이나 스위스, 영국-보다도 부자 동네에 왔다는 느낌이 들었다.

스칸디나비아 나라들이 별세계로 느껴진 마지막 이유는 그곳의 언어였다. 사각사각 소리가 나는, 나로서는 도저히 해석불가의 독일어와 천사의 말 중간쯤 되는 어떤 언어를 사용했는데, 가끔 그 소리는 꽁꽁 얼어붙은 얼음 덩어리를 갈아내는 소리처럼 들렸다. '슉슉'과 '아삭아삭'을 잘 섞어놓은 듯한, 어디선가 바람이 새는 듯한 그런 소리였다. 입안에서 혀끝으로 이리저리 굴리는 듯 기름진 스페인 어나 이탈리아 어와는 대조적인 발음이었다.

떠나기 전 생각했던 것과는 달리 북유럽에서 내 존재는 별로 눈에 띄지 않았다. 동양계 이민자들, 또는 입양아들이 많이 있었기 때문이다. 나는 아주 안전했고, 고독했다. 사람들은 대개 매우 예의바르고 친절했지만 남유럽에서와는 달리 나에게 먼저 엉뚱한 말을 걸거나 쓸데없는 농담을 하는 경우는 거의 없었다. 멕시코에서처럼 카페의 옆 테이블에 앉아있던 한 무리의 남자들이 돈을 추렴해서 빨간 장미꽃 다발을 보낸다든가, 혹은 이집트에서처럼 중년의 음흉하게 생긴 아저씨가 자신은 아직 독신이라 주장하며 저녁 식사에 초대하는 일은 벌어지지 않았다.

북유럽 남자들은 럭비 선수들처럼 몸집이 컸으며 멜라닌 결핍으로 피부는 물론 머리며 눈동자까지 모두 희끄무레했고 내가 넘어지면 즉시 다가와 친절하게 일으켜 주었지만, 내 발로 잘 서 있을 경우 먼저 손을 내미는 사람은 없었다. 그들은 그야말로 바이킹 같았다. 나는 바이킹이 연애하는 내용이 들어간 영화는 여태 단 한 편도 본 적이 없었다.

그렇다면 나의 이상형은 어디에 있는가.

실연당한 기분으로 북유럽을 쏘다니던 나는 핀란드의 아름다운 중세풍 마을, 노르웨이의 피오르드, 스웨덴의 멋진 수도 스톡홀름을 지나 덴마크의 코펜하겐에 닿았을 무렵에야 비로소 나의 옛 영웅이 풍기던 고상한 느낌의 정체를 깨달을 수 있었다.

코펜하겐은 항구도시다. 항구에는 그 유명한 인어상이 있었다.

오지 않을 왕자를 기다리며 앉아 있는 인어 아가씨. 그 조그만 동상을 바라보며 나는 어린 시절 영웅의 실체를 알게 되었다.

테니스 영웅 슈테판 에드베리는 위대한 안데르센이 그의 동화 속에서 무수하게 그려낸 백마 탄 왕자의 직계 혈통을 이어받은 북유럽 인이었다. 그 동화들에 등장한 왕자야말로 에드베리가 내 인식 속에 진입하기 훨씬 이전에 평생 처음으로 친밀해진 첫 번째 북유럽 인이었다.

검푸른 인어상 주변으로 몇 명의 관광객들이 모여들어 찰칵찰칵 사진을 찍고 있었다. 인어상은 보잘 것 없었다. 안데르센을 기리는 상징물인 동시에 부풀려진 환상의 실체이기도 했다. 왕자는 없고 바이킹들만 있었다.

"멀리서 오셨네. 안녕하시오."

호텔에 들어와 체크인을 했다. 카운터에 앉아있는 사람은 전화로 예약할 때에는 아주 근사한 목소리였는데 실제로 만나보니 나이가 많이 든 노인이었다. 연한 금발머리가 은처럼 하얀 빛으로 바래고 두 눈동자는 푸른 물에 넣었다 몇 초 만에 꺼낸 듯 연하디 연한 하늘빛이었다.

"스톡홀름에는 무슨 일로?" 숙박계를 쓰는 내게 노인이 물었다.

"왕자를 만나러요. 슈테판." 하고 내가 덧붙였지만 주인은 고개를 끄덕였을 뿐 그게 누구냐고 묻지 않았다. 호텔을 운영하다 보면 별별 사람 다 보기 마련인 것이다. 그들을 일일이 진지하게 상대하다간 시간이 남아나지 않으리라.

추운 겨울날씨나 백야, 오로라, 금발, 풍부한 해산물, 완벽한 사회보장제도 등에 거부감을 느끼는 사람이 아니라면 내세에 북유럽인으로 태어나는 것도 좋을 것 같다. 특히, 여행광이라면.

"우리는 어디든 여권만 있으면 돼."

길에서 만난 스칸디나비아 사람들은 비자 걱정을 하는 나에게 미안한 얼굴로 이렇게 말했다. 대부분의 국가들과 무비자 협정을 맺은 중립국들이니 부족한 햇빛을 따라 일 년 내내 세계 어디로 여행하든 서류 문제 때문에 골치를 썩을 일은 최소화된다.

"집에서 있으니 차라리 해외를 여행하는 게 훨씬 더 경제적이야."

물가가 비싼 북유럽에서 일 년에 몇 개월 바짝 벌어서 나머지 기간은 볕이 좋은 외국에서 유유자적 보낸다는 그들이 하는 말이다.

이미 오래 전에 이룩된 경제적, 그리고 정치적 안정 때문인지 아니면 고립된 지리적 위치 때문인지, 혹은 천성 때문인지, 북유럽 인들은 다른 어느 나라 사람들보다도 걱정이 없어 보였다. 오래된 동화에 등장하는 단순한 성품의 인물들처럼, 고달픈 현실과 보이지 않는 선으로 완벽하게 격리된 지구 북쪽 끝 그들만의 왕국에서 평화롭게 살아가는 것이다.

Journey 01
지상에서 가장 아름다운 바닷가

A　　　　　S

마약 같은 해변
Malaysia

통과의례(initiation)라는 것이 있다. 지나고나서야 깨닫는 성장의 관문들.

성숙이라는 이름으로 아직 어린 우리들의 몸과 마음을 괴롭히는 것들.

졸업이나 입학, 결혼이나 이혼처럼 형식화된 의례들.

처녀성이나 동정의 상실, 출산과 같은 육체적인 관문들.

사랑 혹은 실연, 다정한 사람의 죽음처럼 정신적인 상처들.

통과의례의 특징은 이것을 통과하는 순간 이전의 자아로 돌아가는 것이 불가능해진다는 것.

고등학교를 졸업하고 난생 처음 먼 여행을 떠났다. 버스를 타고 다음날 새벽 태국의 남쪽 푸켓(Phuket)에 도착했을 때, 나는 피곤한 눈앞에 펼쳐진 열대 바다가 미처 가보지 못한 천국처럼 아름답다고 생각했었다.

　대나무 껍질로 짠 오두막 창문으로 내다보이는 바다는 투명한 한편 파랗고, 금빛 햇볕은 하루 종일 뜨거웠다. 밤이 되면 벨벳처럼 부드러운 검정 하늘에 가득 찬 하얀 별빛……. 대나무 껍질로 짠 오두막 벽을 뚫고 수백 군데 구멍으로 새어드는 오토바이의 불빛에 눈

이 부셨다. 반쯤 잠에 빠져든 귀에 들려오던 규칙적인 파도 소리…….

　나는 그때 스무 살이었다. 시간은 바람 불지 않는 강에 띄워놓은 배처럼 느릿느릿 움직였고 내일은 오늘과 비슷할 것 같았다. 영원히

아무 걱정이 없을 듯, 자고 자고 일어나도 아직도 그날이 모두 지나가지 않았던 지루하기 짝이 없는 나이였다. 그런 나의 눈에 처음으로 목격한 열대의 해변만큼 자극적인 것은 그때껏 없었다.

그 후 어디를 가든 다른 어떤 풍물도 눈에 들어오지 않았다. 오직 해변, 해변, 그리고 더 아름다운 해변. 그 무렵 내가 원한 것은 좀 더 연푸른 바다와 흰 모래에 대한 기억을 차곡차곡 수집하는 일 정

도였다. 푸켓 다음은 코사무이, 코팡안, 코타오, 그리고 코타루타오에 이르기까지.

대학시절은 몬순처럼 주기적으로 돌아오는 시험을 빼면 비교적 좋은 기억으로 남아있다. 하이라이트는 역시 방학. 나는 극성맞은

부모를 둔 불쌍한 학생들 몇 명을 가르쳐 주머니가 두둑했고 이렇다 할 돈 쓸 곳도 없었다. 함께 갈 사람이 마땅치 않았기 때문에 방학이면 혼자서 여행을 떠났다. 유적지나 박물관에는 흥미가 없었고 다국적 여행자들과 어울려 경험을 나누는 일에도 재주가 없었다. 그렇다고 태국 음식이나 쇼핑에 탐닉하는 여행도 아니었다. 내가 한 일은 찾아낼 수 있는 가장 완벽한 바닷가로 가서 태양 아래 누워 그 풍경의 일부가 된 채 가능한 오래오래 있는 것. 비행기 표 유효기간의 마지막 날이 되면 보이지 않는 손에 목덜미를 잡힌 것처럼 우울한 얼굴로 서울에 돌아왔다.

"대체, 네가 혼자 거기서 뭘 하는지 미행이라도 하고 싶다."

서울은 바쁜 곳이고, 아무것도 하지 않는다는 내 말을 믿는 사람은 아무도 없었다.

태국의 해변에 진력이 나기까지 대략 3년이 걸렸다. 그 다음 단계는 자연스럽게 바로 그 옆 나라인 말레이시아.

오늘날 태국이 아시아는 물론 세계 유수의 관광대국이라는 것을 고려할 때 바로 이웃하고 있는 말레이시아가 그토록 한가한 상태로 남아있는 것은 약간 아이러니라고 할 만하다. 완고한 마하티르를 비롯한 말레이시아 정부의 관리들은 섣불리 태국을 흉내 낸 관광화에 박차를 가하기보다는 이보다 훨씬 고상한 이웃인 싱가포르의 뒤를 따르는 편을 택한 듯하다. 말레이민족 단합이라는 국가적 과제수행과 더불어 보다 진지한 기초산업의 육성에 우선적인 관심을 가진 것이다.

물론 아무리 노력한다고 해도 말레이시아는 결코 태국이 될 수 없는 것이, 문화가 다르고 종교가 상이할 뿐더러 한국 이상으로 단일성이 강조되는 태국에 비해서 말레이시아는 건국 이래 항상 민족적, 언어적, 이념적 다양성으로 파생되는 온갖 문제를 겪고 있으니까.

　인디안 음식을 싸게, 맛있게 먹을 수 있다는 것, 중국 음식이 비교적 괜찮다는 것을 빼면 말레이시아는 태국만큼 미식가들을 만족시키기가 도저히 불가능한 국가이며 이슬람 특유의 경직된 분위기 때문에 나이트 라이프를 즐기기에도 맥이 빠지는 것이 사실이다. 창녀나 쇼걸이 없는데다 음주에까지 제약을 받으니 쾌락주의자의 천국과는 거리가 멀다. 게다가 물가 또한 태국만큼 싸지 않으니 굳이 말레이시아로 향할 이유가 있을까.

　그 시절 내가 말레이시아를 찾은 이유는 두 가지였다. 말레이시아 동해안에 매우 아름다운 해변이 있다는 것. 그리고 그곳을 찾는 사람은 거의 없다는 것.

　말레이시아의 동해안에 위치한 쁘렌띠안(Perhentian, 말레이 어로 'stop'이라는 뜻이다)이라는 조그만 섬에 닿는 동안 나는 그 전에는 미처 해 본 적이 없는 몇 가지 경험을 했다. KL(쿠알라룸푸르)에서 밤 버스를 타고 비몽사몽 쿠알라 베숫(Kuala Besut)에 도착, 버스 안에서 만난 말레이 여대생과 함께 현지인들이 즐겨가는 찻집에 들러 얼음처럼 차가운 마일로―말레이시아 동해안의 회교도들이 즐겨 마신다―를 한 잔 마셨다. 슬로우 보트를 타고 섬으로 향하는 길에 현지인 남자의 유혹을 받았다. 무슬림 남자들의 기질에 대해 그때 처음으로 알게 되었다.

쁘렌띠안 섬은 듣던 것만큼 아담했고 소문보다 한층 더 아름다웠다. 에메랄드와 사파이어를 적당히 녹여 섞어 부은 듯 초록색 바다는 햇살에 반사되어 속에 불이라도 켜놓은 듯 밝게 빛났다. 꽃밭처럼 형형색색의 산호가 흐드러지게 피어있고 가시거리는 지금껏 가본 어느 바다보다도 더욱 깊었다. 식당 바로 앞 바다에만 들어가도 거대한 거북이가 천천히 헤엄치는 모습을 볼 수 있었다.

섬의 숙소는 대부분 개집처럼 간단하고 허름한 A프레임의 소박한 곳들로 현대적인 편의시설이라고는 찾아볼 수가 없었다. 나무 바닥에 헌 매트리스가 하나 깔려있고 모자를 걸 수 있는 못 하나가 박혀있을 뿐이었다.

이런 숙소에서의 생활은 예상과는 달리 전혀 고통스럽지 않았다. 더러울 것도 궁상맞을 것도 없다. 타는 듯한 햇볕에 잘 말린 매트리스에서는 밤새도록 청결한 태양 냄새가 풍겼고 울창한 열대림으로 둘러싸인 공동 샤워실에는 얼음처럼 차가운 민물이 폭포수처럼 쏟아졌다. 늘 똑같은 햇빛 아래에서, 나는 시간이 지날수록 눈에 띄게 거무스름해졌다. 낮이면 유리처럼 맑은 바다 속으로 들어가고 석양이 질 무렵이면 해변가 식당에 앉아 건너편 섬에서 반짝이는 전구의 불빛들이 어두워지는 바다 위로 오색 구슬처럼 깔리는 것을, 그리고 그 불빛들이 다시 하나 둘씩 사라져가는 것을 지켜보았다.

바다에 들어갈 수 없는 열대의 밤은 무더웠다. 매트리스를 들고

침침한 오두막을 빠져나와 해변에서 잠을 청했다. 먼 바다에서 끊임없이 불어오는 바람 때문에 모기 걱정은 할 필요가 없었고 차가운 새벽이슬이 내릴 무렵이면 친절한 누군가가 얇은 사롱(sarong, 말레이시아, 인도, 스리랑카, 인도네시아 등지에서 이슬람교도들이 남녀 구분 없이 허리에 둘러 입는 옷)을 펼쳐 일광욕으로 화끈거리는 나의 몸을 덮어 주었다. 그리고 규칙적인 파도 소리……. 그렇게 깊고 편안한 잠을 잔 기억은 그 전에도 그 후로도 다시 없었다.

섬을 떠나던 날 새벽, 안개처럼 옅은 비가 내렸다. 마술이 풀린 것처럼, 모든 것이 회색빛을 띠고 있었다. 동양인 여자는 나 혼자였고, 늙은 선장과 어린 조수는 나를 좁은 선실에 태웠다. 두 남자는 나에게 배의 키를 잡는 법을 가르쳐 주었다. 선장과 조수는 나에게 키를 맡기더니 피로한 얼굴로 곧 잠이 들어버렸다.

이제 나 혼자였다. 뿌옇게 물안개 낀 바다 아주 멀리, 희미하게 검푸른 육지가 보였고 나는 선장이 알려준 대로 배의 돛대와 육지에 솟은 산봉우리의 각도를 맞춘 채 커다란 키를 움켜쥐었다.

그리고, 바로 그 순간이 왔다. 낯선 땅에 발을 디딘 것이 그때가 처음은 아니었지만 처음처럼 느껴졌다. 배에서 내리라, 잠에서 깨어난 선장이 내 손에서 키를 받으며 턱짓으로 내리라는 신호를 했다.

작은 어촌인 마랑(Marang)이었다. 전형적인 말레이 깜풍(kampung, 전통적인 형태의 부락)이다. 눈에 띄는 사람이라곤 조용히 나를 바라보는 갈색 얼굴의 사롱을 두른 현지인들 몇 명뿐이었다. 장거리

이동으로 지친 몸에 머리 위 햇볕은 이글이글 뜨겁고 낯선 곳에 도착하여 긴장한 목은 바싹 말라붙었다. 마을의 우물을 발견하고 달려가서 우선 세수부터 했다. 손을 컵처럼 모아 물을 꿀꺽대며 마셨다. 살 것 같았다.

우물가에는 누가 버렸는지 깨진 거울조각이 놓여 있었다. 그 거울을 집어 들었다. 화장기 없는 갈색 얼굴이 절반쯤 겨우 보였다. 실로 오랜만의 일이었다. 섬의 숙소에는 거울이 전혀 없었으니까.

열흘 만에 보는 그 얼굴은 내가 모르는 사람 같았다. 내가 모르던 나를 마주본 채 한동안 그대로 서 있었다. 약간 놀란 듯한 그 눈과 마주친 순간 상반되는 감정들이 한꺼번에 솟아오른 것은 어찌된 셈인지 모르겠다. 슬픈 동시에 기쁘고, 당장 주저앉고 싶을 만큼 피곤한 동시에 지금까지 느껴본 적이 없을 만큼 강력한 에너지가 솟구쳐 안절부절할 수가 없었다.

그때 나는 끼니를 건너뛰어 배가 매우 고팠고, 당장 어디에라도 주저앉고 싶을 만큼 다리가 아팠고, 서울 집으로부터 대체 얼마나 멀리 온 것인지 전혀 가늠이 되지 않았다.

내 자신도 내가 누구인지 알 수 없다니. 파란 하늘이 보이지 않을 만큼 야자수들이 푸르게 우거진 여기는 어디일까. 정체성과 고향을 잃어 더럭 불안해진 반면 스물 몇 해 동안 묶여있던 공간과 시간의 속박에서 빠져나온 상황이 너무 기뻐 갑자기 춤이라도 추고 싶어졌다.

마음이 급했다. 수돗가에 내려놓았던 가방을 다시 들고 황급히 근처 고무나무 숲 속으로 뛰어 들어갔다. 나뭇가지처럼 바싹 여윈 다리로 힘겹게 페달을 밟는 회교도 할아버지가 찌르릉, 자전거를 타고 지나가는 소리가 가끔 들릴 뿐 정적으로 가득 찬 열대의 숲은 꿈속처럼 조용했다. 끊어질 듯 이어진 어두운 오솔길, 빽빽한 나뭇잎 사이로 하얀 햇살이 조각조각 떨어지는 좁은 길을 계속해서 걸었다. 남들의 귀에는 들리지 않는 피리 소리에 홀린 사람처럼.

그 길이 끝났을 때, 나는 생전 처음 보는 해변 앞에 섰다. 꿈꾸던 하얀 모래가 아닌 금빛이 도는 굵은 결의 노란 모래. 그 너머로 거대한 해변이 가득 환상처럼 펼쳐졌다. 저 멀리 군청색 파도가 하얗게 부서지며 해안으로 몰려드는 것이 신기루인양, 오랫동안 나를 기다려온 것처럼 바로 거기서 끓어오르고 있었다.

광장처럼 너른 해변에는 아무도 없었고 오직 나만 있었다. 신심이라는 추상적인 절대성에 굴복하고 마침내 개종을 결심한 이교도가 세례를 받는 것처럼, 나는 기꺼이 그 바다 속으로 들어가기에 이르렀다. 차가운 바닷물은 몸속에 가득, 사나운 햇빛은 눈 속에 가득. 해가 질 때까지 하얀 거품 이는 바다 속에 그대로 잠겨 있었다.

가장 아름다운 해변에서, 나는 이제 좀 다른 곳에 가보고 싶다는 생각이 들었다. 고비를 넘어선 것처럼 기분이 상쾌했다. 무슨 장한 일이라도 거뜬히 해치운 것처럼.

해변에서 유유자적하던 시절은 끝났다. 어둡던 곳을 빠져나와 매끄러운 새 몸으로 다시 태어난 어린애처럼, 이제 어떻게 해도 이

전으로는 다시 돌아갈 수 없으리라는 것을 알았다. 눈에 보이지 않는 문을 통과하여 다른 차원으로 들어선 것처럼.

시간이 흘렀다. 순진한 총각은 동정을 잃고, 발랄한 처녀는 아줌마가 되고, 비밀의 장소는 결국 모두에게 알려지기 마련이다. 고무나무 숲의 정적이 평화롭던 말레이시아도 많이 변했다. 물가가 엄청나게 오른 것은 말할 것도 없고, KL로 통칭되는 수도 쿠알라룸푸르는 서울보다도 더욱 스펙터클한 외관을 가진 코스모폴리탄한 대도시로 변모했다.

찬란한 금빛으로 빛나던 마랑의 모래사장은 거대한 회색 시멘트 구조물들로 뒤덮인 채 처참한 몰골로 변해 버린 지 오래다. 나의 비밀스러운 섬들을 다녀온 여행자들의 즐거운 경험담은 이제 인터넷 곳곳에서 어렵지 않게 읽을 수 있다. 내가 목격한 어느 낙원의 모습은 그들의 글들 속에 희미한 그림자 정도로만 남아있다.

그래도 오래 전 마랑에서의 기억은 오직 나만의 것. 아무리 자세히 말한다고 해도 그때 그곳에서 스물 몇 살 나에게 어떤 일이 일어났는지 10분의 1도 알 수 없겠지.

그해 여름 열대에서의 기억은 영원히 나 혼자만의 것.

_Travel Note

그 길이 끝났을 때,
나는 생전 처음 보는 해변 앞에 섰다.
꿈꾸던 하얀 모래가 아닌 금빛이 도는 굵은 결의 노란 모래.
그 너머로 거대한 해변이 가득 환상처럼 펼쳐졌다.
저 멀리 군청색 파도가 하얗게 부서지며 해안으로
몰려드는 것이 신기루인양,
오랫동안 나를 기다려온 것처럼 바로
거기서 끓어오르고 있었다.

신비의 디저트, 지마를 찾아서
Vietnam

"아, 여긴 동남아가 아니다. 그냥 '아시아'라고만 해두자."

차가운 바람이 얇은 옷 틈을 파고드는 아름다운 호아끼엠 호숫가 벤치에 쭈그리고 앉아, 나는 뻣뻣한 손가락을 움직여 서울의 친구에게 보내는 엽서에 이렇게 적었다.

12월. 소매 없는 옷들로 가득 찬 옷가방을 들고 사뿐히 하노이에 도착한 내가 도저히 예상하지 못한 것이 있다면 바로 날씨였다. 공항에 내리자마자 깜짝 놀라지 않을 수가 없었다. 뺨에 스치는 밤바람이 몇 시간 전 작별을 고한 한겨울의 서울과 다를 바가 거의 없었던 것이다.

공항에서 시내로 향하는 택시를 운전하는 청년은 솜을 넣어 두툼하게 누빈 웃옷을 입고 방울 달린 털모자까지 쓰고 있었다. 호텔에 도착하니 객실에는 뜨거운 물을 넣은 구식 보온병이 비치되어 있었다. 이불을 돌돌 말고 누웠지만 코끝에 와 닿는 공기는 믿어지지 않을 정도로 차가웠다. 방에는 라디에이터 대신 에어컨만 달려 있었다. 이렇게 추울 수가.

베트남 여행의 주목적은 식도락이었다. 향긋한 박하 냄새와 함께 하얀 김이 무럭무럭 피어오르는 퍼(Pho)와 끓는 기름에서 갓 건져내 바삭한 짜죠(Cha Gio)를 매끼 먹을 수 있다는 것은 좋았지만 햇볕이 쨍쨍한 한낮 서너 시간 이외에는 도저히 서울에서부터 입고 간 겨울옷을 벗고 싶은 마음이 들지 않았다. 층층이 껴입은 얇은 스웨터와 셔츠 틈새로 매서운 바람이 사정없이 뚫고 들어왔다.

하노이는 공원과 호수가 많은 도시다. 도심 복판 너른 호수 주변에는 다양한 모습의 시민들이 벤치에 앉아 언 몸을 햇볕에 녹이고 있었다. 프랑스 식민통치가 남긴 유럽풍 거리에 들어찬 낡아빠진 건물들, 그 사이를 누추한 겨울옷을 입은 행인들이 지나다녔다. 해가 떨어지면 매연 가득한 더러운 거리에 차가운 바람을 타고 을씨년스러운 어둠이 찾아들었다.

나는 구시가지의 어느 조그만 호텔에 머물렀다. 하노이의 호텔들이 흔히 그렇듯 프랑스풍과 중국풍이 기묘하게 뒤섞인 곳이다. 바닥에서 천장까지 맞닿은 거대한 프랑스 식 창문이 로맨틱하긴 하지만 밤이면 얼음 같은 바람이 창틈으로 스멀거리며 침투했다. 아침에 일어나니 힘을 주고 잔 탓에 온 몸이 쑤셨다.

"털 이불을 하나만 더 줘요. 추워서 도통 잠을 잘 수가 없어요."

견디다 못해 이렇게 말했더니 무뚝뚝한 직원—베트남, 특히 북쪽

의 하노이는 날씨는 물론 국민성 또한 동남아보다는 중국에 훨씬 가깝다-은 시간이 아깝다는 표정을 지었다.

"추우면 히터를 켜슈."

"히터? 방에는 에어컨밖에 없던데요?"

"그 에어컨이 바로 히터요. 겸용이란 말이요. 여름에는 냉풍기, 겨울에는 온풍기!"

그날부터 나는 추위를 면했다. 온풍기를 틀어놓은 방안은 뜨겁고 메마른 공기로 가득 차 아침이면 밤새 사막을 헤맨 꿈이라도 꾼 듯 바짝 메마른 목으로 깨어나 물부터 찾아야 했다. 반쯤 비운 유리컵을 손에 든 채 밤새 굳게 닫아두었던 두꺼운 커튼과 나무 창문을 열어젖히면 노랗게 빛나는 햇살이 차가운 아침 공기와 함께 방안으로 밀려들어왔다. 오토바이가 뿜어내는 검은 매연과 알싸한 박하향이 뒤섞인 냄새가 풍겼다.

침대에 깔린 하얀 시트가 바람에 펄럭거렸다. 떨리는 몸으로 테라스에 서서 조용히 태양빛을 쬐었다. 우거진 푸른 가로수, 그 틈새로 오토바이를 타고 지나가는 시민들이 보였다. 이렇게 오토바이가 많은 도시는 동남아에서 오직 두 곳뿐이다. 호치민과 프놈펜.

"베트남에서 이렇게 덜덜 떨고 다닐 줄은 꿈에도 몰랐어."

프랑스 점령 시절, '쁘띠빠리'라고도 불리웠던 하노이는 예나 지금이나 온통 프랑스 인들 투성이였다. 호텔의 아침 식사 시간에 식당에서 마주친 젊은 프랑스 인들은 두툼한 털 스웨터에 방수 잠바, 가죽 부츠까지 신고 있었다. 우리는 뜨거운 커피와 끓인 우유를 마시면서 동남아답지 않게 추운 아침에 대해 몇 마디 무서운 욕설로써 저주를 퍼부었다.

"추워 죽겠다. 하루빨리 따뜻한 남쪽으로 가야겠어."

하노이에서 떨고 있는 외국인이라면 모두 남행을 꿈꾸는 것 같았다. 나도 마찬가지였다. 동남아다운 후끈한 열기가 기다리고 있는 남쪽. 무거운 외투를 벗고 반팔 차림, 가죽 구두 대신 발가락이 나오는 샌들을 신을 수 있는 그런 곳에 가고 싶었다.

단숨에 남하해서 일 년 내내 뜨겁고 습한 사이공으로 향하는 대신 나는 비행기를 타고 베트남 중부의 작은 도시 호이안(Hoi An)으로 갔다. 이 조그맣고 진귀한 마을이 베트남에서 가장 로맨틱한 동네라는 말을 들었을 뿐더러 꼭 들리고 싶은 식당이 몇 군데 있었기 때문이다. 그리고 만나고 싶은 사람도.

나는 늘 살기 위해 먹어왔지만 이 나라에서만큼은 사정이 달랐다. 정교하게 만들어진 다양한 요리들을 미안하리만큼 싼 값에 맛볼 수 있는 곳이다. 식도락 여행으로 이렇게 훌륭한 목적지는 세상에 몇 군데 없을 것 같다. 맛있는 한 끼를 위해서는 어디든, 어떤 위험이든 무릅쓴다는 이유로 자칭 '미식계의 인디애나 존스'라는 미국인 스털링(Richard Sterling, 그의 책으로는 〈World Food Vietnam〉, 〈Traveler's Tales : A Taste of the Road〉, 〈Dining with Headhunters : The Fearless Dinner〉 등이 있다) 씨가 저술한 미식 기행서를 한 권 사서 열심히 읽었다. 맛깔스러운 표현에 저절로 식욕이 돌게 하는 책으로

베트남의 각 도시마다 빠짐없이 맛보아야 할 음식과 추천 식당들을 자세히 열거해 놓았다.

그러고 보니 베트남 요리는 내가 가장 좋아하는 외국 음식이었다. 푸르고 아삭거리며 향기까지 그윽한 허브를 많이 사용할 뿐더러 성장기를 지난 이후로 다들 기피하는 지방질이 적게 들어가는, 다시 말해서 지지고 볶는 과정이 적거나 아예 생략된 베트남 퀴진은 마치 웰빙(well-being)이라는 21세기 개념에 미리 맞추기라도 한 것처럼 가볍고 경쾌하다.

오늘날 베트남 음식은 국경을 접하고 있는 중국과 태국의 영향에 식민통치를 했던 프랑스 요리의 영향력이 가미되어 형성된 것으로 기본적으로 중국 요리와 비슷하되 웍(wok, 중국식 프라이팬)과 불을 사용하는 정도가 다르고, 무엇보다도 기름기가 훨씬 적어 맛이 상당히 담백하다. 또한 재료와 조리법에 있어 인접 국가인 태국의 요리를 많이 닮았지만 신맛과 매운 맛이 덜해 자극적인 것을 싫어하는 사람들에게는 한결 나은 선택이라고 할 만했다. 와인과 잘 어울린다고 말할 수 있는 유일한 아시안 음식인 것이다.

짧은 비행 끝에 호이안에 도착한 나는 비로소 숨을 돌렸다. 바라던 대로 날씨가 아주 따스했다. 인적이 드문 고풍스러운 거리에 늦은 봄날처럼 기분 좋은 나른함이 느껴졌다. 한가롭고 편안하다. 어디 눈에 띄는 나무 그늘에라도 주저앉아 쿨쿨 낮잠을 한숨 자고 싶은 마을이었다.

가방 깊숙이 넣어 두었던 반팔에 샌들을 꺼내 신고 오래된 거리

를 걸어보았다. 유럽 식민시절의 잔재가 남은 것은 말레이시아의 말래카나 홍콩 옆 마카우의 거리도 마찬가지였지만 호이안은 그들보다 한결 더 조용하고 낭만적이었다. 일본과 중국뿐 아니라 포르투갈과 네덜란드의 영향이 모두 느껴지는 진귀한 마을로 천천히 흐르는 강을 끼고 있어 풍광이 아름다웠다. 어디를 둘러보나 빛바랜 색깔로 가득 차 있었다.

자전거와 행인들로 혼잡한 시장 앞거리를 걷던 나는 순간 뜻밖의 소리에 걸음을 멈췄다.

"지마(Xima)!"

익숙한 그 단어를 이렇게 빨리 듣게 되다니, 귀를 믿을 수가 없었다. 나는 재빨리 사방을 둘러보았다. 바쁘게 걸어가는 사람들이 몇 겹으로 내 앞을 가렸다. 그들을 비집고 소리가 들리는 쪽을 향해 건너가려 했다.

"지마……!"

다시 한 번. 노인의 음성이 분명했다. 너무 낡아 녹이 잔뜩 슨 파이프에서 마지막 숨을 불어넣어 간신히 새어나온 듯 낮고 쉬어빠진 목소리였다.

"지마……!"

대체 어디서 들리는 소리일까. 방향 감각을 잃은 나는 한 바퀴 빙그르르 몸을 돌렸다. 찌르릉, 벨을 울리며 자전거 한 대가 내 앞을 지나가고 그 순간, 저 건너편 길가에서 검은 옷을 입은 노인이 몸을 일으키는 것이 보였다. 헬멧처럼 보이는 기묘한 모자를 쓰고 그 앞에는 솥처럼 생긴 검고 둥근 물체가 놓여 있었다. '미식계의 인디애나 존스'가 쓴 책에서 본 것과 똑같다. 미스터 티우(Thieu)가 분명했다.

"지마!"

앞으로 나아가려는 순간 자전거들이 서너 대 연이어 나의 앞을 지나갔다. 마지막 자전거가 스치고 지나치자 이번에는 작은 손에 엽서 꾸러미를 든 아이들이 나를 빙 둘러쌌다. 엽서 좀 사세요!

정신을 차렸을 때는 이미 너무 늦었다. 검은 옷을 입은 조그만 노인은 사라지고 없었다. 노인이 있던 곳까지 걸어가 주위를 찬찬히 살펴보았지만 헛수고였다.

호이안에서 지낸 일주일은 평화로웠다. 하노이의 추위와 오토바이가 없는 마을이었다. 나는 많이 걷고, 많이 먹고, 어두워지면 잠이 들고 해가 뜨면 일어났다. 조그만 마을 특유의 편안함과 정서가 넘치는 곳으로 영화 세트장처럼 완벽했지만 실제 영화 세트장이 아니기 때문에 더욱 좋은 그런 곳이었다. 길을 잃을 염려가 없으니 어디든 마음껏 걸어 다닐 수 있었다.

나는 미식가의 책에 추천된 호이안의 명소들을 빠짐없이 들렀다. 시장에 늘어선 푸드 스툴에서 점심 식사를 하고 '인어 식당(Mermaid Restaurant)'에서 관광객용 요리강습을 받았다. 하얀 라이스 페이퍼(반짱)에 분홍빛 새우와 쪽파, 쌀국수를 속으로 넣고 맵시 있게 말아 춘권 만드는 법을 배웠다.

간식을 먹기 위해서 '탐탐'이라는 이름의 카페를 찾아갔다. 식민지풍 노란색 2층 건물로 목재로 꾸며진 옛스러운 실내장식이 근사한 곳이었다. 높은 천장에는 삐걱거리는 소리와 함께 날개가 커다란 선풍기가 빙글빙글 돌아갔다. 유럽 인들 몇 명이 따분한 얼굴로 담배를 피우며 당구를 치고 있었다.

"당신이 아마 그 크리스토퍼겠군요."

나는 바를 맡고 있는 남자에게 아는 척을 했다. 영화 카사블랑카에 등장하는 릭의 카페를 연상시키는 공간이었다. 주인인 프랑스 남자 크리스토퍼가 험프리 보가트와는 달리 윈드서핑을 좋아하는 미남자로 드라이진보다는 아이스크림을 더욱 선호한다는 것을 제외한다면.

그는 오토바이를 타고 베트남을 여행하던 중 호이안에 정착하게

되었다고 했다. 회색 머리에 푸른 눈, 동남아에서 장기체류를 결심한 서양인 특유의 나른한 분위기를 풍기는 남자였다.

"바로 그 책 때문에."

칵테일을 만들던 크리스토퍼는 내가 손에 들고 있던 책을 턱으로 가리켰다.

"난 졸지에 아주 유명인사가 됐어요. 그런 건 정말 질색인데, 다들 그 책을 가지고 이 카페로 와서 나를 보고 말하거든. 아, 당신이 바로 유명한 크리스토퍼로군요!"

"그 다음은 뭐라고들 하지요?"

"당신은 뭐라고 말하려고 했소?"

"아이스크림을 달라는 말을 하려고 했어요."

"바로 그거요. 다들 그러지. 다들 나를 알아본 후에는 그렇게 말해요. 아이스크림을 달라고. 그 영감, 미식계의 인디애나인지 뭔지가 바로 그 책에 그렇게 써놓았기 때문이요. 우리 집 아이스크림에 대해서 쓸데없는 말을 한 거지."

"쓸데없는 말이 아니라 대단한 칭찬이었어요. 베트남 최고의 아이스크림이라고 했어요."

시식 결과 그것은 좀 과장이었지만 완전히 틀린 말은 아니었다. 바닐라며 커피, 딸기, 모두 크리스토퍼가 직접 재료를 엄선해서 만든 아이스크림으로 이렇게 작은 마을에서 맛보는 것치고는 상당히 훌륭한 맛이었다.

호이안 중심부는 천천히 걸어도 한 시간이면 한 바퀴를 돌 수 있었다. 오래된 건물들이 늘어선 강변을 따라 걸었다. 강변의 벤치 옆 공터에서 어느 할머니가 닭죽을 팔고 있었다. 강아지와 어린 소녀, 노인과 함께 나도 뜨거운 닭죽을 한 그릇 사서 먹었다. 햇볕이 따사롭고 강에서 불어오는 바람이 부드러운, 아주 좋은 오후였다.

떠날 날이 다가오면서 나는 점점 더 초조해졌다. 첫 날 이후 다시는 "지마!"를 외치는 소리를 들을 수가 없었다. 이제 시간이 없다.

"지마를 파는 노인을 찾고 있어요." 나는 시장통의 상인들에게 찾아가 물었다.

"미스터 티우 말이에요. 어딜 가야 그 분을 만날 수 있을까요?"

식도락계의 인디애나 존스 씨 책에 의하면 미스터 티우는 호이안의 명물이라고 했다. 그는 3대째 지마를 팔고 있으며 지마는 생리 불순이나 어린이 허약증에 좋다고 소문난 음식이기 때문에 호이안의 엄마들이라면 그를 모르는 사람이 없다는 것이다.

"그 할아버지는 이제 너무 늙어서 매일 나오지는 않아요. 여기저기 동네를 돌아다니면서 파는데 정확히 언제 어디에 가면 확실히 만날 수 있다고 말하기가 어려워요."

호텔 직원은 자신 없는 얼굴로 이렇게만 말했다.

호이안이 이렇게 작은 마을이 아니었다면 나는 별로 망설이지 않고 마지막 과업을 포기하고 말았을 것이다. 그러나 마을은 어디든 걸어가기 좋을 만큼 작았고, 따스한 바람은 너무나 부드러웠고, 내 배는 강가에서 사먹은 닭죽으로 적당히 불러 있었다. 마을 외곽을 향해 정처 없이 걸어갔다. 그날은 호이안에서 보내는 마지막 날이었고, 오늘이 아니라면 지마를 파는 미스터 티우는 영영 볼 수 없을지도 몰랐다. 책 사진 속에 나온 노인은 나이가 아주 많아 보였다.

과거와 현재가 섞여있는 호이안의 도심을 벗어나 외곽으로 향하자 회색빛 변두리가 나타나기 시작했다. 사람들은 신기한 표정으로 나를 힐끔거렸고 호객하는 장사치들은 거의 보이지 않았다. 내리쬐는 햇볕에 이마가 다 뜨거웠다.

눈에 보이는 낯선 거리와 말이 통하지 않는 사람들, 지금 어디로 가는지 알 수 없었다. 이쯤 되면 이런 생각이 들 수밖에 없는 것이다. 내가 대체 여기서 뭘 하고 있는 거지?

"어딜 가면 지마를 파는 노인을 만날 수 있는지 아세요? 미스터 티우 말입니다."

나는 길가에 한가로이 앉아 있던 한 남자에게 아무 기대 없이 이렇게 물었다.

"티우 노인이라면 바로 저기 있잖소?"

질문받기를 기다리고 있던 것처럼, 남자는 곧장 손을 들어 길 건너편을 가리켰다.

과연 그곳에는 노인이 한 명 앉아 있었다. 미스터 티우였다. 가로수 아래 쪼그리고 앉은 채 이쪽을 보고 있었다. 내가 결국 자신을 찾아낼 것을 알고나 있던 것처럼.

나는 즉시 길을 건넜다.

"안녕하세요!"

괴상한 검정 헬멧을 쓴 여윈 노인은 흐린 눈으로 나를 물끄러미

바라보았다.

"지마……."

그는 이렇게 말했다. 말할 수 있는 유일한 단어인 것처럼, 땅 깊은 곳에서 흘러나오는 듯 쉬고 묵직한 목소리였다.

나이가 아주 많은 노인이었다. 그는 믿기지 않을 만큼 늙어 있었다. 눈빛이, 살갗이, 목소리가 모두 그렇게 느껴졌다. 가랑잎처럼 바싹 마른 체구에 얼굴은 세월에 바래 빛깔이란 빛깔은 모두 빠져버린 것처럼 희끄무레했다.

노인은 갈퀴처럼 메마른 손을 들어 무거워 보이는 검은 솥의 뚜껑을 간신히 열었다. 국자를 들어 올리더니 솥에 든 내용물을 몇 번 휘저었다. 하얀 김이 희미하게 피어올랐다.

"지마……."

노인은 다시 말했다. 이가 빠진 사기그릇을 하나 집어 국자 속 액체로 가득 채웠다. 점성이 강한 검정색 액체다. 그는 그릇을 내밀었고 나는 귀중한 것이라도 하사받듯 두 손으로 그걸 받았다. 빨리 먹어보라는 듯 조그만 그릇을 턱짓으로 가리킨 노인은 뚫어져라 나를 보고 있었다.

여러분, 그 맛인즉슨 이렇다. 지마(Xima)는 검은 윤기를 띤 일종의 달콤한 푸딩으로 참깨와 몇 가지 한약재, 설탕 등을 섞어서 만든, 음식이라기보다는 건강에 좋은 후식이라고 하는 편이 적당하겠다. 달고, 매우 고소하며, 따끈했다.

조제법은 미스터 티우 가문의 비전으로 노인이 죽으면 그의 딸이 지마를 파는 일을 이어받을 것이라 했다. 노인은 하루에 두 번씩, 어깨가 무너져 내릴 정도로 무거운 검정 무쇠통에 지마를 가득 끓여 호이안의 구석구석을 돌며 판매한다고.

호이안의 명물인 실크 가게 중 하나를 운영하는 정씨는 이렇게 말했다.

"우리 어머니가 어렸을 때 다리 근처에서 일곱 명의 장정이 한꺼번에 미스터 티우에게 달려드는 것을 보셨대요. 하루 종일 번 돈을 빼앗으려고 말입니다. 미스터 티우는 그때에도 매우 여위고 늙은 노인이었다는데, 놀랍게도 그 못된 일곱 건달을 단숨에 해치워버렸다는 겁니다. 그 놈들은 지마를 파는 노인이 쿵푸 유단자이기도 하다는 사실을 미처 몰랐던 거지요."

미스터 티우 역시 평생 지마를 먹어왔으며 그것이 바로 그의 건강비결이라고. 달콤한 지마 두 그릇을 달게 먹은 나는 오후 늦게 다시 한 번 그 자리를 찾아갔다. 한 번 더 지마를 먹고 싶었다. 화학적인 감미가 일체 느껴지지 않는, 소박하고도 달착지근한 맛이 시간이 흐를수록 선명해졌다.

아직 햇살이 사라지지 않은 오후였다. 그러나 미스터 티우는 그 자리에 없었다. 노인이 어디로 갔냐고 묻자 사람들은 어리둥절한 표정으로 고개를 흔들었다. 그런 노인은 본 적조차 없는 것처럼.

사진을 찍어두지 않았더라면 유령을 만났다고 생각했을 것이다.

호이안은 좁다란 골목마다, 골목에 늘어선 오래된 건물마다 빛바랜 과거의 그림자가 향기처럼 서린 마을이었다. 반투명한 육체를 가진 가볍고 무해한 비현실을 만나기에 베트남에서 가장 적합한 장소였다. 끝없이 걷고 싶은 낡아빠진 거리가 아득한 과거를 향해 구불구불 뻗어 있었다.

푸른 나무 그늘 아래 조잡한 기념품을 파는 장사치들이 한가롭게 졸고 있고 간혹 프랑스 어를 사용하는 가이드를 앞세운 관광단이 시장과 유적지 사이로 난 길을 몰려 다녔다. 유유히 흐르는 강물 옆 선창가에는 이른 아침부터 저녁까지 아낙네들이 물고기를 사고팔았다. 물을 많이 섞어 그린 수채화 같은 마을이었다. 떠나기 싫었지만 과업은 완수되었다.

다음날 아침, 나는 예정대로 사이공으로 향했다.

라오스에서 만난 여대생
Laos

　라오스(Laos)에 건너갈 생각을 하게 된 것은 인도차이나 반도가 혹서기에 접어든 3월 말의 일이다. 그 무렵 나는 태국 메콩강가 팍촘(Pakchom)이라는 마을의 오두막에서 평화롭게 살고 있었다. 낮에는 햇볕을 피해 오두막 집 앞 그늘의 해먹에서 쿨쿨 낮잠을 자고 밤이면 호롱불 밑에서 책을 읽다가 새까만 하늘에 뜬 별들이 모두 사라진 후에야 잠이 들곤 했다.

　태양은 온종일 뜨거웠고 무심하게 맑은 하늘은 저녁 무렵이면 약간 붉어졌다가 다음날 아침이 되면 다시 새파랗게 개어 노란 햇볕으로 터질 듯 가득 찼다. 몇 주일째 비가 단 한 방울도 내리지 않았다. 거리는 완전히 메말라 누군가 자칫 담배꽁초를 잘못 버리기라도 하면 순식간에 마을 전체가 화염에 휩싸일 듯 아슬아슬한 분위기였다.

나의 오두막에서 내다보이는 메콩 강은 붉은 물줄기가 말라붙어 개울처럼 보잘 것 없었다. 길을 잃은 듯한 표정의 외국인들이 간혹 보일 뿐 조그만 강변 마을은 복잡한 바깥세상에서 완전히 잊혀진 듯 지극히 고요했다. 이따금씩 뿌연 흙먼지를 일으키며 지나가는 낡은 버스만이 이곳에서 멀지 않은 거리에 현대화된 세상이 있다는 유일한 증거였다.

거칠게 짠 해먹에 누운 채 천천히 좌우로 흔들리다 보면 시간은 지각불가일 정도로 느릿느릿 흘러갔다. 거대한 추상화를 제대로 감상하기 위해서는 한참 뒤로 물러서서 대상을 보아야 하는 것처럼, 메콩 강가를 둘러싼 시간은 과거로 완전히 넘어간 후에야 비로소 지각이 가능한 그런 종류의 시간이었다. 메콩 강 건너편이 바로 라오스였다.

"라오스에 가 봤어요?"

매일 아침 단골로 가는 국수가게 여주인에게 어느 날 내가 물었다.

"가려면 당장에라도 강을 건널 수 있지. 하지만 여태 방콕도 한 번 못 가본 내가 라오스엔 왜 가겠어? 라오스나 여기나 거기서 거기지. 그런데, 당신과 같은 외국인들은 다들 라오스로 건너가더군. 왜 거길 가는지는 모르겠지만."

순결한 땅이라는 소문 때문에 라오스는 이미 십수 년 전부터 꽤 인기가 좋은 여행지였다. 순결한 여행이란 현지인들이 순진하고, 물가가 싸며, 술이나 약에 절어 길바닥에 누워있는 여행자들이 드물다는 뜻이다. 그런 소문이 바깥세상에 널리 퍼졌다는 것은 지금 가봤자 그 장점을 온전히 만끽하기에는 이미 늦었다는 뜻이기도 하다. 그러나 모든 일에 늘 제 시간을 지킬 수는 없는 일이다. 늦는다는 것은 누구든 언제나 아주 쉽게 저지를 수 있는 짓이니까.

그래서 나는 태국-라오스 국경을 건넜다. 라오스의 수도인 비엔티안(Vientiane)은 태국의 다른 소도시와 구별하기 힘든 몰개성한 곳이었지만 과거 프랑스의 점령 하에 놓였던 도시답게 시장 곳곳에 잘 구워진 바게트빵이 산더미처럼 쌓여 있었다. 인도차이나에서 사 먹는 바게트는 대개 끝내주는 맛인데다가 값은 프랑스 본토에 비해서 10분의 1도 하지 않았다.

"누구 영어 할 줄 아는 사람 없어요?"

다 낡아 털털거리는 버스에 탄 사람들 중에서 외국인은 나 혼자뿐이었다. 순박하게 생긴 청년이 수줍은 듯 손을 들었다.

"영어는 못해요. 하지만 프랑스 어라면 몇 마디 할 수 있어요."

가느다란 강을 하나 건넜을 뿐이지만 어느새 이곳은 태국이 아닌 '백만 코끼리의 나라', 라오스였다. 형편없는 상태의 도로를 따라 굽이굽이 산길을 서너 시간쯤 갔을까, 동양화에 나옴직한 기기묘묘한 모양의 산봉우리로 둘러싸인 아담한 마을이 나타났다. 아름다운 카르스트 지형으로 라오스에서 유명한 관광지로 손꼽히는 방비엥이다.

조그만 산골 마을은 소문을 듣고 세계 각지에서 몰려온 각양각색의 관광객들로 북적거렸다. 대낮부터 눈이 풀린 서양인들이 보였고 길을 걷고 있노라면 한국말도 간간히 들렸다.

그러던 중 숙소에서 한국인 여대생을 한 명 만났다. 휴학을 하고 여행을 왔다는 음대생이었는데 훤칠한 키에 맑게 반짝거리는 눈동자, 별 것 아닌 농담에도 활짝 웃는 어여쁜 여자였다. 우리는 어느 허름한 카페에서 라오 비어-맛이 아주 좋다-를 마시며 이야기했다. 그녀는 너그럽게도 열 살이나 더 많은 나를 '언니'라고 불러주었다.

"언니는 무슨 언니, 차라리 그냥 아줌마라 해 줘요."

내 말에 여학생은 방긋 웃었다. 그리고는 이렇게 말했다.

"언니, 전 나이가 드는 게 너무 무서워요. 이룬 것은 없는데 벌써 스물 두 살이라니 두려워 죽겠어요. 인생의 선배로서 나이가 들면서 좋은 점을 하나라도 이야기해 주세요. 그래서 저에게 인생의 희망을 주세요."

나는 한참 고민 끝에 이렇게 말했다.

"두 가지를 찾았어요. 하나는 화초를 키우는 즐거움을 알게 된다는 것이고, 두 번째는 드디어 모피코트가 잘 어울리는 중후한 외모를 가지게 된다는 것이지요."

이런 대답은 설득력도, 재미도 없다. 그래서 나는 결국 일 분도 못 가서 실토하고 말았다.

"내가 방금 한 그 말은 거짓말이야. 나이가 든다는 것은 슬픈 일이야. 한마디로 말해서, 행복은 끝나가고 최후의 날이 점차 다가온다는 뜻이지. 그러니 한 살이라도 젊었을 때 일 분 일 초를 최대한 즐기도록 해."

덕담을 좋아하는 사람들은 늙어감의 이런저런 미덕을 용케 찾아

내곤 하지만 내가 그들의 말에 진심으로 공감한 적은 많지 않았던 것 같다. 그런 미덕들 중 상당부분은 젊은 나이에도 얼마든지 구현 가능한 것으로 늙는 것이 충분조건이 되는 장점이 아니거나, 또는 특정 과업을 성공적으로 달성한 사람들만이 늙어가며 포상처럼 가질 수 있는 미덕일 뿐 만인이 평등하게 적용되는 것이 아닌 경우가 많았기 때문이다. 다시 젊은 시절로 돌아갈 마음이 없다고 말하는 것은 그런 기적은 불가능하다는 것을 잘 알고 있기 때문이다.

동행이 생긴 것은 오래간만의 일이었다. 나와 여학생은 루앙프라방(Luang Prabang)에 도착, 오래된 도시를 함께 둘러보았다. 혹서기의 열기에 휩싸인 고도(old city)는 시간이 멈춘 듯 고요했고 낡은 불탑이 들어선 회색빛 사원에는 오렌지색 가사를 걸친 맨발의 승려들이 그림자처럼 소리도 없이 걸어 다녔다.

밤이 되자 낮의 정적과는 어울리지 않게 화려한 야시장이 열렸다. 색색의 공예품을 파는 고산족들과 각종 라오스 음식, 그리고 관광객들로 가득 차 흥청거렸다.

여학생은 호기심이 많았고 질문은 더욱 많았다. 현지문화에 대한 것에서부터 남자친구, 직업선택, 결혼, 그리고 인생에 대한 것까지, 쉼 없는 수다로 오래간만에 내 골치를 아프게 했다. 재미있는 것은 나는 그 빛나는 눈을 가진 여학생이 무슨 말을 하고 싶은지, 어떤 고민이 있는지, 그녀가 입을 열기도 전에 이미 알고 있었다는 사실이다.

시간이 흐르면 과거 자신이나 주변에서 벌어졌던 일들을 관찰자의 시각으로 바라보는 것이 가능해진다. 숲 속에서는 숲을 볼 수가 없는 것처럼, 10년 전에는 그 당시의 일에 대해 이해를 할 수가 없었다. 지금 아는 이 모든 것을 그때 알았더라면, 이렇게 늦기 전에 알 수 있었더라면. 안타깝기도 하지만 어떤 인간도 그럴 수는 없는 일이니까. 그 당시 누군가 현명하고 고마운 사람이 나서서 정확히 사실을 알려줬다고 한들 아마 나는 그의 말을 믿지도, 믿었다 한들 완전히 이해할 수는 없었을 것이다.

결국 아는 것과 배우는 것은 서로 다른 일이기에. 배우는 것은 무엇보다도 시간이 필요한 일이다. 그러므로 오직 나이든 사람들만이 제대로 알고 있는 몇 가지가 있는 법이다. 그것을 현명함이라고 부르든, 이해심 또는 경험이라고 부르든 어린 시절에는 가지기 힘든 특질인 것 같다. 거대한 숲을 빠져나오기 위해 필요한 것은 남보다 영리한 머리나 근면함, 선량함이나 부유함이 아니라 오직 일정량의 시간이므로.

나는 여학생과 함께 버스와 모터보트, 트럭과 삼륜차를 번갈아 타고 무더운 라오스를 떠나 치앙센을 거쳐 태국 북부 제2의 도시 치앙라이까지 함께 여행했다. 어딜 가나 혹서기의 한복판이었다. 로컬 버스 창밖으로 불길처럼 뜨겁고 메마른 바람이 밀려들어와 숨이 막힐 지경이었다. 거리에는 그 많던 개들조차 한 마리도 보이지 않았다. 우리는 낮에는 숙소의 그늘에 숨어 있다가 해가 지면 야행동물처럼 어슬렁거리며 바깥으로 나왔다.

4월 더위의 정점에서, 드디어 태국의 대표적 명절인 물 축제(송

크란)가 열렸다. 숙소 사람들과 함께 거리로 나가 화려한 퍼레이드를 구경하고 숙소의 주인집에 초대받아 북부식 저녁 식사를 했다. 탈수되지 않으려면 어떻게든 수분을 섭취할 필요가 있었다. 낮에는 수박과 파인애플, 밤이면 싱하(Singha, 태국의 대표적 맥주상표)로 목을 축였다.

"라오비어보다는 못하지만 이것도 꽤 마실 만한데요."

나는 그녀에게 몇 가지를 가르쳤다. 시장의 노점에서 가장 싱싱한 파인애플을 고르는 방법, 가마솥의 기름 색깔을 보고 개중 위생적인 닭 튀김집을 선택하는 법, 그리고 태국 북부의 대표적인 요리 몇 가지에 대해 자세히 알려 주었다.

초보자를 감명시키는 것은 언제나 쉬운 일이다. 여학생은 내가 여행 중 읽고 있던 책들의 제목까지 수첩에 하니히나 옮겨 적는 열성을 보였다. 내가 보는 모든 사물을 따라서 보고 내가 먹는 모든 음식을 자신도 먹어보고 싶어 했다.

"저도 여행을 많이 하고 싶어요."

그녀는 내 옆으로 바짝 다가앉으며 두 눈을 반짝였다.

"이런 세상이 있다는 것을 왜 진작 몰랐을까요! 이제 시간이 날 때마다 여행을 할 거예요. 설령 몇 년 내로 결혼을 하고 아기가 생긴다고 해도 말이에요. 정말 그러고 싶어요. 어떻게 생각하세요?"

"모든 것이 그렇지만 여행은 자기만족이야. 맥주만 실컷 마시다 돌아와도 그것으로 좋았으면 그만인 거야. 어디에 가서 무엇을 봤다는 것은 그렇게 중요한 게 아니야. 관광을 원한다면 잘 찍은 사진만 찬찬히 들여다봐도 충분한 일이고, 사진조차 보기 귀찮다면 보지 않고도 봤다고 거짓말을 하면 되니까. 관광 대신 나무 그늘에서 맥주만 마셨다고 해서 부끄러워할 것은 없어. 억지로 마시거나 훔친 돈으로 마신 것만 아니라면. 돌아다닌다는 것은 내 돈 들여서 내가 하는 여가활동일 뿐 승부도, 게임도 아니야. 감격에 겨워할 필요는 없어. 이를 테면 일종의 꽃꽂이와도 같은 거니까. 너무 심각해지진 말도록 해요. 그리고, 어딜 가든 술은 너무 많이 마시지 말고."

함께 지낸 시간이 즐거울수록 이별은 언제나 부담스럽다. 작별의 순간이 되자 나는 열 살이 더 많은 사람답게 뭔가 심오하고 교훈적인 말을 한 마디라도 해야 한다고 생각했다. 그래서 다음과 같이 말했다.

"나이가 들면 그 전에는 미처 몰랐던 것을 알게 돼요. 저절로 풀리는 수수께끼처럼. 그러니까 지금 모르는 게 있어도 너무 고민하거나 억지로 답을 캐내려고 하지는 마요. 시간이 흐르면 어느 순간 혼자서도 정답을 알게 되니까. 조금 늦게 알게 된다하더라도 영영 모르는 것보다는 훨씬 나은 일이에요. 전에는 불가능하던 것을 이해할 수 있게 된다는 것, 그것이야말로 시간이 부리는 마술이고 인간이 나이가 들면서 갖게 되는 장점입니다."

아름다운 음대생은 결연한 얼굴로 고개를 끄덕였지만 저 말을 이해하기 위해서는 10년가량 걸릴 것을 나는 잘 알고 있었다. 문제의 답을 알아내기 위해 필요한 것이 시간뿐이라니, 그야말로 마술이라고 부를 만하다.

세상의 많은 곳을 둘러보면 볼수록 시간만큼 놀라운 것은 없다는 생각이 든다. 시간은 포도주와 인간을 포함한 모든 것을 숙성시킨다. 생활의 터전을 유적지로, 이야기를 전설로, 기억을 추억으로 바꾸어 놓았다. 라오스는 푸른 신천지와 먼지로 뒤덮인 골동품 가게를 섞어놓은 듯한 여행지였다. 국경을 넘어 태국으로 돌아오는 즉시 그 땅은 지금 내가 발을 딛고 있는 곳에서 아주 멀리 떨어진, 그리고 아주 아득하게 오래 전에 방문한 곳처럼 느껴져 떠나기 전보다 더 그리워졌다.

_Travel Note

"모든 것이 그렇지만 여행은 자기만족이야. 맥주만 실컷 마시다 돌아와도 그것으로 좋았으면 그만인 거야. 어디에 가서 무엇을 봤다는 것은 그렇게 중요한 게 아니야. 관광을 원한다면 잘 찍은 사진만 찬찬히 들여다봐도 충분한 일이고, 사진조차 보기 귀찮다면 보지 않고도 봤다고 거짓말을 하면 되니까. 관광 대신 나무 그늘에서 맥주만 마셨다고 해서 부끄러워할 것은 없어."

발리에서 생긴 일
Northern Bali

"발리에 가면, 혹시라도 대합(clam)을 잡게 되면, 그러면 그 껍질 반쪽을 너에게 줄게. 바다 속에는 셀 수 없을 만치 많은 대합들이 살고 있겠지만 그 반쪽에 들어맞는 것은 원래 짝인 나머지 반 하나뿐일 테니까."

자바(Java)에서 오래 머물던 나는 버스를 타고 길리마눅(Gilimanuk)을 거쳐 마침내 그리운 발리(Bali)로 넘어왔다. 긴 여행에 지쳐 있었기 때문에 떠들썩한 남부로 곧장 내려가는 대신 기력을 좀 회복할 겸 조용한 북부에서 며칠 머무르기로 했다. 발리의 대표적인 흑사해변 로비나(Lovina)에서.

"하지만 너무 기대하지는 마. 우리 마음에 드는 대합은 아마 찾기 어려울 거야. 내가 다이빙할 만한 깊이에 있는 대합들은 너무 커서 물 밖으로 들고 나올 수 없거나 아니면 도저히 떼어낼 수 없도록 바위와 일체화되어버린 것들뿐일 테니까."

우리는 함께 발리로 가는 계획에 대해 몇 번이나 말했고 너무 자세히 말한 나머지 가지 않고서도 이미 가본 듯한 기분이 들 정도였다. 그는 내가 잡게 될 대합 이야기에 완전히 매료되었다.

"꼭 영화에 나오는 장면 같다. 정말 멋진데."

근사해. 그는 내가 들려주는 거의 모든 이야기에 대해 이런 반응을 보였다. 나이가 많지만 순진하고 귀여운 구석이 있는 남자였다. 하얀 양말을 신은 채 가죽 샌들을 꿰고도 내가 왜 웃는지 몰라 난처해하는 사람이었다.

우리는 발리에 가면 어디에 얼마나 머무를지, 며칠째 되는 날 무엇을 하면 좋을지까지 아주 상세하게 의논했다. 꾸따(Kuta)는 흥겹지만 너무 시끄럽고 스미냑(Seminyak)과 케로보칸(Kerobokan)은 세련되긴 하지만 어딘지 황량했다. 우붓은 모든 사람들이 가고 싶어하는 곳이니 우리라도 가지 말도록 하자.

그렇다면 한적하고 평화로운 로비나가 어떨까. 파란 호수처럼 잔잔한 바다가 펼쳐진 해변의 예쁜 코티지를 빌리도록 하자. 열대의 밤은 언제나 금세 지나간다. 밤보다 긴 낮 시간에는 무엇을 할까. 나는 주꿍(jukung, 발리 어부들이 사용하는 조그만 전통 목선)을 타고 먼 바다에 나가 다이빙을 하고 그는 나를 기다리며 해변의 야자수 그늘에 편안하게 앉아 휴식을 취하기로 했다. 아락(arak, 쌀로 빚은 무색투명한 술)과 라임 주스, 그리고 꿀과 얼음을 섞어 만든 칵테일을 마시면서.

"대합을 잡게 되면 위아래 껍질을 나눠 가지자. 시간이 흘러도 그 두 조각을 맞춰보는 순간 모든 기억이 되살아날 수 있도록."

나는 차가운 바다 속에서 헤엄을 치는 동안 오래 전 약속에 대해 내내 생각했는데, 그래서 한눈을 판 때문인지 결국 원하는 대합을 찾을 수 없었다.

로비나는 화려하고 세련되며 뭐든지 너무 많은 발리 남부에 비하면 질그릇처럼 투박하고 한적한 시골 지역이다. 이곳 해변에 산재한 조그만 식당들은 꾸따나 우붓의 최신식 레스토랑에 비하면 초라하다고 할 만큼 소박한 실내장식에 메뉴나 요리법도 아주 단순한 편으로, 생선을 굽거나 튀기거나 찌는 것 정도를 선택할 수 있고 그 밖

에는 변화를 준다고 해도 생선에 뿌리는 소스 두어 가지 정도가 선부였다.

"생선 말고 새우 없어요? 오늘은 새우를 먹고 싶은데요."

나는 바닷가의 어느 조그만 와룽(warung, 싼 식당의 통칭)에서 날마다 밥을 먹었다. 마음씨 좋은 노부부가 운영하는 곳으로 끼니때마다 숯불을 지펴 석쇠에 생선을 굽고 신선한 터머릭(turmeric)과 고추를 즉석에서 갈아 아주 맛있는 삼발(sambal, 인도네시아식 고추 소스)을 만들어 주는 식당이다.

"요즘은 새우가 안 잡혀. 작년만 해도 꽤 잡혔는데. 그냥 생선을 먹도록 해요."

식당의 노부부는 친절했다. 주인인 어부 할아버지가 날마다 바

다에 나가 물고기를 잡아오니 끼니를 굶을 걱정은 없지만 그 이상을 바라기는 어려운 빈한한 생활이다. 그 와중에도 그들은 지나가던 동네 도넛 장수를 불러 식사를 마친 나에게 꿀이 든 과자와 찹쌀떡을 사 주는 호의를 베풀었다. 감사의 표시로 가지고 있던 셔츠를 한 벌 선사하니 노부인은 어디선가 낡은 돋보기와 커다란 가위, 실과 바늘을 가져와서 재빨리 옷을 분해하기 시작했다.

"난 옷이 필요 없어. 이걸로 손자에게 줄 옷을 만들 거야."

열심히 바늘을 놀리며 부인은 옆에서 코코넛을 굴리며 뒤뚱거리며 놀고 있는 어린애, 이제 겨우 걸을 나이가 지난 작은 사내애를 턱짓으로 가리켰다.

로비나를 보면 오래 전 발리의 모습이 어떠했는지 짐작이 가능하다. 1930년대 유럽계 예술가들을 필두로 마가렛 미드(Margaret Mead) 등 인류학자를 위시한 서구 지식인들, 50~60년대 히피들, 그리고 70년대 이후 세계 각국에서 단체 관광객들이 모여들면서 공항에서 가까운 발리의 중남부 지역이 대대적인 변화를 겪은 것에 비해 로비나가 속한 북부는 전통적인 옛 모습에서 크게 달라지지 않았다.

발리에 산재한 수십 개의 대규모 특급 호텔들은 모두 남부나 아니면 중부지역에 위치할 뿐 북부는 검은 모래가 깔린 잔잔한 바닷가를 따라 조그맣고 컬러풀한 어촌들이 점점이 들어서 있고 최성수기라고 해도 호텔이나 식당들은 늘 조용한 상태를 유지한다. 새벽에는 배를 타고 가까운 바다에 나가 돌고래를 관찰하는 투어가 있고 낮에는 수영과 스노클링, 다이빙, 물놀이에 지친 사람을 위해 머지않은 거리에 뜨끈뜨끈한 온천이 기다리고 있다. 밤에는 검은 하늘에 총총히 뜬 별을 세며 빈탕(Bintang, 인도네시아의 대표적인 맥주로 '별'이라는 뜻이다)을 마시거나, 숙소 주인이 연주하는 가믈란 음악을 들으며 옛 추억에 잠기는 것이 주요 일과인 마을이었다.

완전한 평화 속에서 며칠을 지낸 나는 이윽고 남부로 내려가야겠다는 생각이 들었다. 냉방이 완벽한 맥도날드와 뉴질랜드 스테이크에 호주산 포도주를 살 수 있는 쇼핑몰, 스시와 덴뿌라를 파는 일식당과 대형 나이트클럽들이 점점이 포진한 죄악의 마을로.

"조개껍질 사세요. 기념품으로요."

로비나를 떠나던 날 새벽, 마지막으로 숙소 앞 바닷가를 산책하던 나에게 동네 꼬마 몇 명이 접근했다. 나이는 어리지만 예리한 눈빛이며 홍정 실력이 벌써 아주 훌륭한 장사꾼들이다. 그 애들이 어깨에 메고 있던 커다란 가방을 풀어 헤치니 온갖 모양의 조개껍질이 튀어나왔다. 전갈을 꼭 닮은 고둥, 불면 부우, 하고 기적소리가 나는 소라…….

"난 그런 것 사지 않아. 필요하면 내가 직접 바다에서 건질 거야."

그때 어느 아이 한 명이 앞으로 나섰다. 들고 있던 가방을 뒤집어엎었다.

와르르 내 앞에 굴러 떨어진 것은 너댓 개의 커다란 대합껍질이었다.

"하나만 사세요. 아주 싸게 팔아요."

나는 소년 앞에 무릎을 꿇고 앉았다. 어른 주먹 두 개를 합친 크기의 새하얀 대합들이었다. 바다 속을 헤매는 동안 내가 보고 싶었던 바로 그런 것들이었다.

"제가 직접 갈고 닦아 윤기를 낸 거예요. 사세요. 좋은 값에 드릴게요."

비슷비슷한 모습의 하얀색 대합들. 그 중 하나를 골라 한 손에 들어 보았다. 매끄러운 감촉의 조개껍질이 아주 묵직했다. 바로 이런 것을 잡고 싶었다. 해변의 그늘에 앉아 내가 돌아오기를 기다리고 있을 그를 위하여.

"사세요. 아주 싼 값이에요."

손에 들고 있던 대합껍질의 아래 위를 맞물려 보았다. 서로 꼭 맞았다. 아무리 비슷하게 생겼어도 같은 대합의 한 쌍이 아니라면 이렇게 완전히 들어맞기란 불가능했다. 하얀 표면에 소용돌이 모양의 분홍빛 무늬가 희미하게 박힌 아름다운 물건이다.

소년은 비싼 값을 불렀고 나는 그 값을 치르고 대합을 샀다. 바다 속이 아니라 뭍에서 내가 원하던 것을 찾을 줄은 예상하지 못했다. 대합 말고도 원뿔 모양의 소라고둥과 다른 조개껍질도 함께 샀다. 여행지에서 기념품을 구입한 것은 오래간만의 일이었다.

집에 돌아와 로비나에서 사온 조개껍질들을 책상 위에 늘어놓았다. 틈이 날 때마다 가끔 손으로 굴려 보기도 하고 유리처럼 매끄러운 표면을 손가락으로 쓰다듬어 보기도 했다. 집으로 놀러온 조카딸은 조개껍질에 흥미를 보였다. 몇 번이나 조그만 귀를 커다란 대합에 가져다 대었다.

"깊은 바다 속에 하도 오랫동안 잠겨 있던 거라 여태 파도 소리가 들리는 거야."

조카의 까만 눈이 호기심으로 반짝이는 것을 보면서 내가 설명했다.

"손가락으로 꽃잎을 만지면 손에서 꽃 냄새가 풍기는 것과 비슷한 원리야. 바다 속에 있던 것이니 아직도 바다소리가 들리는 거야."

"그럼 그 소리는 점점 사라지게 돼?"

"금세 사라지지는 않아. 어쨌든 아주 오래 바다 속에 있던 물건이니까."

"얼마나 오래?"

"그건 나도 몰라. 몇십 년, 어쩌면 몇백 년."

이제 막 여섯 살이 지난 조카에게 의미를 가지는 것은 내일이나 다음 주, 기껏해야 이번 크리스마스 정도였다. 나는 그 애에게 베이지색 소라고둥을 하나 선사했다. 조카는 하얀 대합껍질을 더 탐냈지만.

그 후 대합은 오랫동안 내 책상 위에 남아 있었다. 늦게나마 약속을 지키는 것은 어떨까. 내 성실함의 목적을 알아준다면.

이제나 저제나 나는 결정적 순간에 용기가 없었다. 비행기와 배, 버스와 말, 트럭과 수레를 갈아타고 사흘 내로 이 세상 끝까지 찾아갈

수 있었지만 한 시간 거리에 살고 있는 사람에게 연락을 하는 것은 도저히 불가능했다. 대합을 보관할 만한 다른 장소를 찾기로 했다.

물속에 있던 것은 다시 물속으로. 나는 마침 책상 구석에 유리어항을 하나 가지고 있었다. 그러고 보니 완벽한 장소였다. 대합을 어항 속에 떨어뜨렸다. 빨간 테트라 무리가 하늘하늘 투명한 지느러미를 놀리며 그 위를 스치듯 헤엄쳐 지나갔다.

오래 지나지 않아 하얀 조개껍질 표면에 푸르스름한 물이끼가 엷게 끼었다. 눈처럼 하얀 조가비의 색깔이 점차 바래지면서 내가 어항 속을 들여다보는 일도 줄어들었다.

그 후 몇 번이나 더 발리에 갔지만 로비나에 들리는 일은 다시 없었다. 그 조용한 마을은 모든 것이 편리한 남부에서 너무 멀리 떨어져 있었다. 스미냑의 패셔너블한 바에 앉아 대형 스크린 앞에서 다리를 흔들거리며 차가운 빈탕을 마시다 보면 섬의 북쪽에 놓인 그 검은 바닷가는 너무 깊고, 너무 넓고, 참을 수 없을 만큼 지루하게 느껴졌다. 세 시간이라는 실제 거리보다 훨씬 더 멀리 떨어진 것처럼 느껴질 때도 있다. 생각하면 할수록 점점 더 멀게 느껴져서, 나는 아마 로비나에 두 번 다시 가지 못할 것 같다.

그곳이 진짜 그렇게 멀리 떨어져 있었다면 좋겠다는 생각이 들 때도 있다. 때로는 한 시간 떨어진 곳이 아니라 지구 반대편에 있는 것이 여러모로 더 쉽게 느껴진다. 전화도, 편지도, 그럴 듯한 상상도 닿을 수 없는 곳에 있는 것이 훨씬 더 낫겠다는 생각이 들 때가 있다.

_Travel Note

"깊은 바다 속에 하도 오랫동안 잠겨 있던 거라
여태 파도 소리가 들리는 거야."
조카의 까만 눈이 호기심으로 반짝이는 것을 보면서
내가 설명했다.
"손가락으로 꽃잎을 만지면 손에서 꽃 냄새가 풍기는 것과
비슷한 원리야.
바다 속에 있던 것이니 아직도 바다소리가 들리는 거야."
"그럼 그 소리는 점점 사라지게 돼?"
"금세 사라지지는 않아. 어쨌든 아주 오래 바다 속에
있던 물건이니까."
"얼마나 오래?"
"그건 나도 몰라. 몇십 년, 어쩌면 몇백 년.

Journey 02
성과 속, 오감의 자극

탄두리 나이트
Tamil Nadu

인디아 타밀나두(Tamil Nadu) 주의 티루치라팔리(Tiruchirappalli)로 말하자면 근처에 유명한 사원이 있다는 것 외에는 별다른 특징이 없는 중간 크기의 도시였다. 갈까 그냥 건너뛸까 잠시 고민하다가 그 동네에 도착했을 때, 지난 며칠간 계속된 장시간의 버스 여행으로 차곡차곡 쌓인 피로 때문에 어떻게든 재정비의 필요성을 느끼고 있었다.

인디아는 회색 코끼리처럼 거대하고 또한 느린 나라다. 광활한 시공간의 상호작용은 효율성을 최우선으로 수십 년 간 살아온 외국인의 진을 빼기에 충분했다. 시간당 30km의 속도로 열심히 질주하는 지역 버스를 타고 200km의 거리를 주파하는 것은 손바닥만한 지도를 보며 머릿속으로 가늠할 때처럼 쉽고 간단한 일이 아니었다.

아침에 출발했지만 벌써 오후 4시가 넘어 있었다. 해는 뜨겁고,

거리의 매연은 지독하고, 버스 터미널은 인디아 어디를 가나 그렇듯 폐차 직전의 낡아빠진 버스와 각종 쓰레기들, 그리고 바쁜 몸짓의 사람들로 들끓었다. 이 나라에서 맞은 늦은 오후가 대개 그런 것처럼 나는 땀과 선탠로션, 그리고 더러운 먼지로 뒤범벅이 된 채였다. 게다가 배까지 몹시 고팠다. 버스 터미널 건너편에 적당해 보이는 호텔을 발견, 숙박계를 쓴 후 곧장 부속된 식당으로 향했다.

타밀나두 주 어디서나 흔히 볼 수 있는 순수 채식주의자 식당이다. 메뉴를 아무리 샅샅이 뒤져봐도 고기가 들어간 음식은 하나도 없다. 모두 콩 아니면 쌀뿐이다. 오후 시간이면 보통 그러하듯 테이블에 앉은 거의 모든 사람들이 탈리(thali, 일종의 세트 메뉴)를 먹고 있었다.

탈리는 인디안 식당에서 주로 낮 시간에 먹을 수 있는 가장 경제적인 음식이다. 식기 대용으로 테이블에 푸른 바나나 잎을 한 장 깔아준 후-남인도 스타일-그 위에 밥과 몇 종류의 커리, 두어 가지 피클을 놓아주는 소박한 식사다. 손으로 먹는 것이 원칙이긴 하지만 현지 관습에 적응하지 못한 외국인이 수줍게 요구하면 어디론가 바삐 사라지는 웨이터, 곧 조그만 숟가락을 하나 구해다 주기도 한다.

"더 줄까?"

인디안 탈리의 가장 큰 미덕이라면 싼 값에도 불구하고-어쩌면 바로 그 때문에-아낌없다는 것이다. 웨이터들은 좁은 테이블 사이로 밥, 커리, 그리고 그 밖의 몇 가지 반찬들로 가득 찬 은빛 양철통을 들고 다니며 손님들이 먹고 있는 음식이 바닥을 보이는 기미라도 포착하면 곧 곁으로 다가와 관대하게 채워준다. 밥이면 밥, 반찬이면 반찬, 배가 터질 때까지 얼마든지 먹을 수 있으니 굳이 떡 다섯 개와 물고기 두 마리를 백여 명이 나눠먹을 필요가 없다.

인디아에 도착한지 얼마 지나지 않아 나는 곧 숟가락 대신 손으로 밥을 먹는 것에 익숙해졌고 내 위장은 고기 대신 콩에서 대리만족을 찾게 되었지만 오래된 욕망은 강요된 금욕주의 뒤에 잠깐 숨었을 뿐-나쁜 것들이 대개 그렇듯이-완전히 사라지거나 한 것은 아니었다.

간단히 말해서, 나는 술을 좀 마시고 싶었다. 채식주의의 본산 남인도에 도착한 이후 알코올이라고는 한 방울도 마시지 않은 내 정신은 너무 맑다 못해 깨어지기 직전의 얇고 투명한 유리처럼 아슬아슬한 상태였다. 그러나 고기도 팔지 않는 식당에서 술을 필 리가 없다. 맥주가 있냐는 말에 종업원들은 난감한 얼굴로 고개를 저었다.

객실에 들어온 지 얼마나 지났을까, 전화벨이 울렸다.

받아보니 룸서비스다.

"룸서비스? 하지만 난 아무것도 시킨 적이 없는데."

"알아요. 언제든 뭐라도 시키시라고요."

전화는 끊어졌다.

몇 분 후 다시 전화벨이 울렸다. 받아보니 또 룸서비스다.

"사실은……"

룸서비스 직원은 그제야 진실을 말할 준비가 된 듯했다.

"제발 저를 좀 도와주세요. 한국인에게 60만원을 사기 당했어요."

전화로 하기에는 너무 긴 이야기였다. '라지'라고 이름을 밝힌 룸서비스 보이는 결국 내 방으로 찾아오기에 이르렀다.

"한국에 일하러 가려고 한국인 에이전트에게 돈을 줬는데 결국 돈만 날리고 말았어요. 아까 당신이 체크인할 때 나도 그 근처에 있었어요. 그래서 당신이 한국 사람이라는 것을 알 수 있었지요."

라지는 두꺼운 안경에 과도하게 진지한 표정을 가진 젊은 남자로, 너무나 열성에 찬 목소리와 굳은 표정 때문에 똑바로 마주보는 것이 부담스러울 정도였다. 이야기인즉슨 자신은 한국에 가서 일하는 것이 최대 소원이며 그 소원을 이루기 위해서라면 무슨 일이든 할 준비가 되어있다는 것이다.

"하지만, 나는 너를 도울 수가 없을 것 같아. 한국 비자를 얻으려면 우선 한국 회사에서 일자리를 얻어야할 텐데, 그런 회사를 알지 못한단 말이야. 한국행은 아무래도 에이전트를 통하는 것이 빠를 거야. 델리나 캘커타, 뭄바이 같은 대도시에 가면 에이전트들이 많을 텐데. 그런 사람들을 통해서 알아보도록 해요."

내 말에 청년은 기운을 잃은 기색이 역력했다. 에이전트에게 두 번 다시 속고 싶지 않으며 이제는 그럴 돈도 없다고 했다.

"혹시……." 그가 갑자기 눈을 반짝였다.

"일자리를 구해줄 수 없다면, 나와 결혼할 만한 한국 여자를 소개해 줄 수는 없어요? 한국 비자를 얻는 가장 빠른 길은 한국인과 결혼하는 것이라고 들었는데요."

"아마 그건 어려울 거야."

"왜요?"

"한국인들은 국제결혼을 별로 선호하지 않으니까. 말도 잘 안 통하는 인디안 남자와 결혼하길 원하는 여자는 많지 않을 걸. 그런 여자는 찾기 힘들 것 같아."

"아니, 그건 그렇지 않아요." 라지는 당장 반박했다.

"한국에 간 내 친구-물론 인디안-가 한 명 있는데, 한국 여자와 결혼했거든요."

청년의 젊은 얼굴은 승리감으로 찬란히 빛났고 수세에 몰린 나는 머릿속을 더듬었다. 남녀 관계가 경제적, 그리고 사회적 조건의 틀에서 벗어날 수 있는 경우의 수를 찾아야 했다.

"아마 그 둘은 종교로 맺어진 사이겠지?"

국경을 추월하는 것은 세 가지, 사랑, 돈, 종교뿐이다.

"맞아요. 그걸 어떻게 알았어요?"

라지의 친구는 서울에서 신학공부를 하고 있으며 교회에서 만난 여자와 결혼했다고 했다.

"나도 그런 한국 여자를 만나서 결혼할 수 있으면 좋겠는데요."

"글쎄, 내가 아는 여자들은 다들 신심이 매우 약한 사람들이라 아마 어려울 거야."

청년은 집요했다. 머뭇거리다 얼굴을 붉히며 마침내 이렇게 묻는다.

"당신은 어때요? 인디안과 결혼할 마음 없어요?"

"이미 너무 늦었어. 나는 애가 둘이야."

"그럼 당신 친구는? 여동생은? 사촌은?"

"다들 결혼했어. 게다가, 나도 그렇지만 그 사람들도 대부분 무신론자야. 외국인 남자와 종교의 힘으로 맺어질 일이 없단 말이지."

솔직히 말하자면, 이런 대화는 전혀 즐겁지 않다. 강요된 농담만큼 불편한 것도 없을 테니까. 룸서비스 청년은 불행했고 나는 그를 위해 할 수 있는 일이 없었다. 그러나 그는 모처럼 만난 한국인을 결코 그냥 보내줄 생각이 아닌 듯 했다.

시간이 흐를수록 라지의 표정과 말투는 점점 더 절망적으로 변해갔다.

"무슨 일이든 할 수 있어요. 직장이 제조업이 아니라도 좋아요. 그보다 훨씬 더 못한 일이라도 전혀 상관없어요. 당신 생각과는 달리 잘 찾아보면 나와 결혼하길 원하는 한국 여자가 있을 지도 몰라요. 아니라고 말하지 말고 제발 찾아봐 주세요. 한국에 가지 못하고 여기서 계속 이렇게 살다간 미쳐버리고 말 거예요."

"인디아에서 괜찮은 일자리를 구하면 한 달에 대략 얼마를 벌 수 있지?"

"6000루피(15만원) 정도요."

그러나 그런 일자리는 구하기가 몹시 어렵고 현재 그는 이 호텔에서 한 달에 1500루피(약 3만원)를 받고 있었다. 꿈과 야망에 비해 너무 적은 봉급이야말로 이 성실한 인디안 청년의 정신건강을 해치는 일등공신이리라.

"제발 부탁 하나만 들어줘요." 그가 말했다.

"제 이력서를 한 부 드릴 테니 서울에 돌아가면 일자리를 찾아봐 주세요."

"미안해. 하지만 난 아는 회사가 전혀 없다니까. 혹시 있다고 한들 너를 채용해 줄 만한 제조업체가 아닐 거야."

"제조업체가 아니라도 좋다니까요. 무슨 회사라도 좋아요. 청소부든 수위든, 뭐든 하겠어요."

라지는 깨끗하게 타이핑된 이력서와 여권 사본을 한 부 내밀었다. 그리고는 말했다.

"이제 내 차례예요. 뭐든 필요한 게 있으면 말해 봐요."

한국에서 온 나는 물론 필요한 것이 없었다. 그러나 청년은 막무가내다.

"뭐라도 말해 봐요. 하다못해 먹을 것이라도요. 예를 들면, 이 호텔 룸서비스 메뉴에 없는 것도 구해다 드릴 수 있어요."

"난 필요한 게 전혀 없다니까. 그러니 이제 그만 가서 일을 하도록 해."

"필요한 게 없는 사람은 없어요. 아무리 부자라고 해도 말이에요. 잘 생각해 봐요."

놀랍게도, 청년의 말이 옳았다. 그가 마침내 방에서 나가려는 순간 내 머릿속에 문득 한 가지가 떠올랐다. 내가 지금 필요로 하는 것.

"맥주 한 병 마실 수 있을까?"

"맥주요? 술 말이에요?"

"그래. 가능한 한 차가운 것으로. 하이네켄이나 버드와이저면 좋겠는데."

"하이네켄은 없어요. 하지만 킹피셔(인디아의 대표적인 맥주)라면 구할 수 있어요. 맥주 한 병하고, 또 필요한 것 없으세요?"

찬 맥주를 마실 수 있다고 생각하니 갑자기 식욕이 솟았다. 나는 맥주와 함께 탄두리 치킨 반 마리를 주문했다.

힘찬 노크소리가 들린 것은 청년이 내 방을 나선지 반시간쯤 지나서였다. 머리가 반 이상 하얗게 센 늙은 종업원이 굽실거리며 들어왔다. 커다란 쇠 쟁반에 680ml 킹피셔 한 병과 은박지에 싸인 탄두리 치킨 반 마리가 놓여 있었다.

맥주는 아주 차가웠고-인디아에서 마신 것 중에서 가장 시원했다-탄두리 치킨은 양념이 깊이 배어 맛이 그만이었다.

시공간의 이동은 시금털털한 맥주 한 병과 날라빠진 닭 반 마리를 지상 최대의 성찬으로 격상시켰다. 모처럼의 술기운과 포만감으로 깊은 잠이 든 나는 다음 날 마두라이로 가는 버스 속에서 청년의 이력서를 읽었다.

'1980년생. 티루치라팔리 출생. 티루치라팔리 대학 영문과 학사 및 석사. 모모 출판사에서 2년 근무, 마수라 호텔 고객 서비스직으로 1년 반 근무.'

청년으로부터 이메일을 받은 것은 그로부터 며칠이 지난 후 어느 인터넷 카페에서였다.

내가 이러는 것이 순전히 취업 때문이라고는 생각하지 말아요. 그건 사실이 아니니까. 내가 한국에서 일하고 싶은 것은 사실이지만 당신의 친구가 되고 싶은 것 또한 사실입니다. 내가 할 수 있는 일이 있으면 언제든 알려주세요. 내 모든 사랑과 호의를 당신과 서울에 있는 당신 가족, 두 아이들에게 드립니다. 집으로 안전하게 돌아가길 진심으로 기원하며. 안녕.

추신: 내 사진을 한 장 첨부하니 당신 친구들에게 보여주고 혹시 나와 결혼하고 싶은 여자가 있는지 꼭 알아봐 주세요.

여행지에서 고독한 이유
Kerala

    남인도에 도착한지 3주일 정도 지났을 무렵 '녹색의 주'로 알려진 케랄라(Kerala) 주에 들어섰다. 이 조그만 주는 어느 여행가이드북이던 칭찬일색으로 소개하고 있기 때문에 남인도로 향한 사람이라면 대개 이곳에 들르고 싶어한다. 가이드북을 찬찬히 읽다보면 남인도를 여행하면서 케랄라에 들르지 않는 것은 미친 짓으로 여겨졌다. 모처럼 파리에 가서 화장품 쇼핑을 안하고 돌아오는 것과도 같은.

    케랄라에 대한 소개는 예를 들어 이런 식이다.

    '회색 먼지투성이 인디아에서 예외적인 보석 한 조각, 파랗고 풍요로운 케랄라…….'

    '푸른 강과 호수, 바다, 그리고 산들……더욱 좋은 것은 이 모든 볼거리가 반나절 거리에 놓여 있다는 것.'

    케랄라에 대한 수사어는 길고 복잡했지만 주제어를 찾자면 두 마디였다. 푸르다는 것, 그리고 물. 푸르름의 근원은 물이니 그렇다면 케랄라의 주제어는 결국 한 단어였다. 물.

물을 빼놓고 케랄라에 대해 말할 수는 없다. 척박한 북부와는 달리 이 풍요로운 남인도의 한 조각은 지천이 온통 물이었다. 가는 곳마다 농작물과 나무들, 풀들이 우거져 있었다. 작고 길쭉한 땅덩어리에 굵고 가는 강물이 핏줄처럼 복잡하게 얽혀 있어 강을 따라 어디든 갈 수 있었다.

그래서일까, 이곳을 찾는 여행자들의 공통된 과업이 있었으니 콜램(Kolam)에서 알레피(Alleppy, 알라푸자)로 향하는 한나절의 뱃길 여행, 소위 백 워터 크루즈(back water cruise)다. 이걸 왜 해야 하는지, 하면 뭐가 좋은지, 어떻게 할 수 있는지, 가이드북마다 자세히 나와 있었다.

혹시 콜램까지 가서 백 워터 크루즈를 하지 않고 돌아온 사람이 있다면 나에게 연락하시라. 그 놀랄만한 초연함과 선견지명에 기꺼이 맥주 한 잔 살 용의가 있다.

아침에 출발하는 배를 타기 위해서는 하룻밤 콜램에서 묵어야 했다. 강가의 마을다운 운치를 기대했지만 지금껏 지나쳤던 인디아의 작은 도시들과 별반 차이가 없는 곳이다. 거리에 가득한 낡은 자동차와 오토릭샤, 그들이 뿜어내는 시커먼 매연, 노점상들, 누추한 건물들, 외국인을 호기심어린 눈으로 바라보는 현지인들……내일 아침으로 예정된 동일한 목표를 가진 각양각색의 여행자들이 여기저기 어슬렁대는 것만이 특이할 점이라고 할 만했다.

이렇게 심심한 인디안 도시에서 외국인들이 하는 일은 주로 다음의 세 가지이다.

1. 인터넷 카페에서 죽치기
2. 숙소에 처박혀 마리화나 피우기
3. 돌아다니며 사진 찍기

카메라를 들고 거리를 배회하는데 어느 순간 모국어의 울림에 셔터를 누르던 손을 멈췄다.
"혹시, 한국 사람 아니세요?"
맑고 쨍쨍한 음성에 뒤돌아보았다.
몸집이 작고 명랑한 얼굴의 여자가 나를 바라보고 있었다. 등산객들이 많이 쓰는 빨간 스카프를 목에 매고, 몸에 꼭 끼는 청바지를 입은 한국 여자였다.
"그 카메라."
여자는 웃음을 참는 듯 킥킥거렸고 나는 어리둥절해졌다. 그녀는 손가락으로 내가 어깨에 메고 있던 캐논의 10D를 가리켰다.
"그걸 보고 한국 사람이 아닐까 생각했어요. 북쪽에서 한국 사람들을 만나서 같이 다녔는데, 그 중 어느 남자가 그것과 똑같은 카메라를 가지고 있었어요. 꼭 그렇게 기다란 망원렌즈를 달고 말이에요. 어쨌든, 그러고 다니니까 아주 뽀대나잖아요?"
카메라와 국적과의 관계에 대해서라면 알 수가 없었다. 나는 재빨리 내 차림새를 훑어보았다. 카메라와 얼굴 말고 어떤 단서는 없었을까. 헐렁한 면바지와 티셔츠는 세계 어디서든 살 수 있는 것이고 가방은 YONSEI 등 특정문구가 찍힌 한국 토산품이 아니라 지극히 평범하고 특징 없는 캐논의 물건이었다. 그렇다면 정말 나의 10D가 한국인들이 특별히 많이 구입하는 제품일까.

"사진작가세요?"

여자는 재빨리-낚아채듯이-물었고 나는 고개를 저었다.

"혼자 여행 중이세요?"

그녀는 다시 빠른 어조로 물었고 나는 고개를 끄덕였다.

혼자 여행하는 사람들은 어디에나 있다. 마땅한 동반자를 구할 수 없어서, 동반자와 다니는 것이 싫어서, 혼자 여행을 한다. 그 중에는 과잉명랑(hyper-energetic)한 사람들이 꽤 많은데 어느 것이 먼저인지 알 수가 없다. 에너지가 넘치다보니 길을 혼자 떠난 것인지, 혹은 혼자 다니다보니 쓸쓸함을 극복하기 위하여 과도하게 유쾌하고 공격적인 태도가 몸에 배인 것인지. 노래를 부르라면 당장 한 곡 조 뽑을 듯 적극적이며, 일장연설이라도 할 것처럼 흥분해 있고, 약간의 반론조차 허용치 않을 듯 단호한 태도의 솔로(sole)들.

"점심은 드셨어요?"

이것이 나의 첫마디였다. 나는 아직 점심 식사 전이었고, 괜찮아 보이는 비채식주의자 식당을 하나 보아둔 터였다. 바지 주머니에 손을 집어넣으니 두 사람 분 밥값으로 충분할 듯한 루피가 만져졌다. 손으로 밥 먹는 모습을 서로에게 보이면 한결 친밀해지리라.

"예, 방금 먹었어요."

여자는 얼른 대답했고 낙담한 나는 다시 할 말을 생각하기 시작했다.

두 동포 간에 반가운 대화가 길게 오가기에는 너무 혼란스러운 장소였다. 부르릉거리는 오토릭샤와 오토바이, 덜덜거리는 트럭이 우리 두 사람 옆을 쉴 새 없이 지나갔다. 빵빵 경적과 으르렁대는 엔진 소리 때문에 거의 고함치듯 이야기를 해야만 했다.

"여행을 많이 하셨나 봐요?"

여자는 다시 내 카메라를 가리켰다. 카메라와 국적과의 상관관계가 모호한 것처럼, 나는 카메라와 여행경력 사이에 어떤 관계가 있는지 알 수 없었다.

"시간이 나면 가끔 합니다." 내가 말했다.

"애가 생긴 후로는 뜸해지게 되었지만. 아시겠지만, 애 있는 주부가 혼자 인디아 같은 여행지를 며칠 이상 돌아다니는 것은 쉬운 일이 아니니까요."

나는 그녀에게 어디 가서 짜이(chai, 인디아식 홍차)라도 한잔 하겠느냐고 물었고 그녀는 재빨리-거의 허둥지둥-사양했다. 이것은 약간 의외였는데, 보통 낯선 상대방에게 먼저 말을 걸 정도로 외향적인 사람이라면 그 상대방과 식사나 차 한잔 등 좀 더 시간을 보내는 것 또한 웬만해서는 거절하지 않기 마련이기 때문이다.

물론, 내가 거짓말에 능숙하듯 지나치게 명랑한 그녀의 그 태도는 일종의 가면-필요하면 언제 어디서든 벗어던질 수 있는-일지도 모르겠다. 어쨌든 인디아는 태국이나 일본, 캐나다보다는 좀 험한 곳이고, 혼자서 그런 곳을 여행하려면 저마다 하나씩 나름의 비장의 무기 내지는 갑옷, 혹은 어떤 결연함을 가지게 되는 법이니까. 그것이 약간 독특한 태도(거짓말, 너무 커다란 웃음소리, 이중자아)로 발현되는 것을 비난할 수는 없었다.

"서울 떠난 지 한 달 가까이 되었는데 남인도에만 있어서 그런지 한국 사람을 만난 것은 이게 처음이에요."

내가 무심코 말하자 여자는 깜짝 놀라 눈을 동그랗게 떴다.

"그래요? 북쪽에는 발에 걸리는 게 한국인들인데. 어느 기차를 타나 맨 한국 사람이에요."

그녀의 표정에 눈에 띄게 경계심이 어린 것은 그 순간부터였다. 한 달 간 동포들과 어울리지 못했다는 말을 꺼낸 것이 실수였을까.

"그래서, 인도를 어떻게 생각하세요?" 내가 상냥하게 물었다.

"좋아요. 아주." 그녀가 나만큼이나 상냥하게 대답했다. 그리고는 다시 낄낄거렸다.

"사진 찍기도 좋으시죠? 아주 좋잖아! 카메라 바짝 들이대도 모델료 달라는 말도 하지 않고!"

맞는 말이다. 어쩌면 그녀도 아프리카에 다녀왔는지도 모르겠다.

우리는 더 이상 할 말을 찾지 못했다. 뭔가 말을 해야 한다는 의무감이 상황을 더 나쁘게 만들었다. 죄책감이 내재된 어색함만큼 견디기 힘든 것은 많지 않다. 색색의 사리 입은 여자들이 힐끔거리며 지나가고, 바나나 튀김 파는 아저씨가 큰 소리로 호객했다. 여기는 남인도의 콜램이고, 서울의 집까지는 비행기로 열다섯 시간 정도의 거리였다. 물론 그 비행기를 타기 위해서는 우선 기차로 서른 시간 가량 들여서 국제공항이 있는 뭄바이(봄베이)까지 가야했다.

내 앞에는 한국말을 하는 여자가 한 명 있었다. 그리고 이렇게 어색한 순간은 여행 시작 후 처음이었다. 불행히도, 그렇게 느낀 것은 나뿐만이 아니었던 것 같다.

"그럼, 저 이만 가 볼게요. 여행 잘 하세요."

침묵이 얼마나 흘렀을까, 어느 순간 여자는 부랴부랴 그 자리를 떠났고 나는 조금 아쉬운 마음에 그 뒷모습을 보고 있었다. 목에 매달린 빨간 스카프가 점점 멀어지다가 원색의 사리를 입은 사람들 틈에 섞여 마침내 사라지는 광경을.

내가 문제였을까. 더 친절하게 말했어야 했을까. 말투가 아니라 표정이 문제였을까. 애 있는 주부, 따위의 말을 꺼낸 것이 실수였을지 모른다. 아니면 내 카메라 10D가 문제였을까.

콜램은 알라푸자 크루즈 여행의 출발점이 되는 마을이다. 차들이 지나다니는 더러운 회색빛 거리를 떠나 20분 정도 걸어가면 검푸른 강물 사이로 벌거벗은 갈색 아이들이 뛰어노는 것을 마음껏 볼 수 있는 곳이다.

서울을 떠난 후 처음으로 고독하다고 느낀 동네였다.

다음날 지루한 배 여행 끝에 코치(Kochi)에 도착했다.

물고기 눈을 가진 여신의 도시
Madurai

　21세기를 맞은 우리 인류의 최대 소비대상을 '문화'라 상정할 때 대중문학와 고급문화를 나누는 가장 중요한 기준은 매타성의 정도인 듯하다. 여행 목적지로서의 인디아가 태국이나 홍콩, 일본보다 우위에 든다면 그것 또한 바로 배타성 때문이다. 일단 물리적인 거리가 멀고, 여행 인프라가 열악하며, 따라서 범인(ordinary people)보다는 뭔가에 홀린 듯, 혹은 누군가를 홀릴 듯 공허한 표정을 가진 순례자들에게나 적합할 듯한 성스러운 목적지가 아닌가 말이다.

　인디아에 가보지 않은 사람들이 그 나라의 이름을 듣고 가장 흔히 떠올리는 것은 다음의 두 가지이다. 그 나라는 가난하고, 더럽고, 위험할 것이라는 점. 두 번째는 그곳으로 향한 사람들은 무엇인가 사상적으로 중대한 전환을 맞으리라는 점.

　편견이 인간에게 주는 가장 큰 폐해를 내재된 폭력성-단순한 것은 복잡한 것보다 언제나 폭력적이다. 생각이 많으면 주먹에 힘이 들어가기 어려우므로-이라 볼 때 오늘날 세계인들이 가지고 있는 인디아에 대한 낭만화를 부추긴 주범은 역시 제국주의적-이제 와서 뭐라고 변명하든 그들은 결코 평화주의자들이 아니다-인 성향의 영국인들이다.

키플링 시대부터 지금에 이르기까지 동양, 특히 인디아가 인간 정신의 고향으로, 정신적 가치가 물질적 가치를 앞서는 철학자와 수도승들의 나라로 자리매김하게 된 것은 위대한 종교들의 태동지이기 때문만이 아니라 이 거대한 나라를 잠시 여행하고 본국으로 돌아가 이국에서 보고 들은 것들을 다각도로 낭만화한 일련의 사람들의 역할이 컸다. 물론 티베트에는 당할 수 없겠지만. 오늘날 티베트의 위대함을 이루는 상당부분은 그곳이 세계 어디에서든 매우 멀리 떨어져있다는 것에 있다. 티베트에 못 가는 사람들의 대리만족을 위해서는 언제나 네팔-신비함 면에서 다소 딸리긴 하나 물리적으로 보다 가깝고 덤으로 카트만두 특산의 맛있는 애플파이도 맛볼 수 있는-이 대기하고 있다. 네팔도 너무 멀어서 못 가겠다고? 안가도 괜찮다. 대신 누군가가 안나푸르나나 달라이마라, 혹은 류시화(순정 만화가 같은 예명이 아닌가)의 책에 대해 이야기를 할 때마다 귀를 기울이며 그리운 표정을 지으면 된다.

"하시시……."
정신적 구도자들이 몰려든다는 인디아의 도시 뒷골목에서 박시

시 다음으로 많이 듣게 되는 말은 바로 이 '하시시'라는 유혹적인 한 마디이다. 노련한 마약상들은 결코 내 눈동자를 똑바로 들여다보며 이렇게 묻는 법이 없다. 물론 보안의 목적 때문이다. 저 단어를 입에 담을 때 그들은 항상 내 등 뒤에 서 있다. 앞에서는 애처로운 목소리로 "박시시" 뒤에서는 음침한 목소리로 "하시시" 하는 셈이다. 그 구분은 점차 옅어지고 말았지만.

"질이 안 좋기만 해봐라. 돈 안 준다."

이렇게 으르면서 한 대 피울 기력은 이제 나에게 없다. 그것은 마치 백화점에 안 가거나 연애를 안 하는 것과도 비슷한 것이, 대단치 못한 결과를 이미 알고 있다는 것 이외에 상상만으로도 느낄 수 있는 극심한 피로감 때문이다.

경험을 우선으로 치던 흥미진진한 시절은 이미 지나버렸고 이제 내게 남은 것은 일상에 그리 도움이 되지 않는 이상스럽고 자질구레한 각종 경험들뿐이다. 물론, 중독만큼 피로한 것을 나는 여태 몇 알지 못한다.

수요가 있으니 공급이 있다고 했던가. 인디아나 파키스탄, 기타 아시아의 그늘진 뒷골목들을 떠도는 여행자들의 가장 큰 낙은—그들이 뭐라고 거짓말을 하든—다름 아닌 값싼 마약복용이다. 오죽하면 젊은 히피이던 스티븐 잡스도 인디아로 향했던가. 헤밍웨이식대로 하자면 이런 식이다.

"나는 괴롭다. 그래서 나는 마약을 하련다. 그것이 설령 불법일지라도 나는 전혀 상관하지 않는다. 왜냐하면 나는 괴로우니까."

텔레비전과 스포츠, 그리고 마약은 사람을 바보로 만든다. 반 년 이상 파키스탄에 머무르고도 '베나지르(부토의 이름)'가 누군지도 모르는 사람을 나는 지금껏 여러 명 만났다. 그렇게 오랫동안 거기서 대체 뭘 했냐는 질문을 받을 때마다 그들은 무지한 질문을 받은 현자 특유의 표정(holier-than-thou look)을 지을 뿐 별 말이 없이 잠잠하다. 하긴 티베트에서 7년간 지낸 사람 또한 거기서 뭘 했느냐는 질문에 정작 별로 할 말이 없었으리라. 중요한 것은 티베트에서 7년간 지냈다는 사실이다.

이기적인 쾌락주의자들(hedonist)을 비난하지 말라. 자위는 폭력보다 항상 더 평화적이다. 쉽고 효과적인 정신적 해탈(emancipation)을 위해서는 몇 푼 주고 약을 사는 편이 힌두사원에서 웃통 벗고 엎드리거나 마더 테레사의 집에서 자원 봉사하는 것, 하다못해 길거리의 거지들을 부드러운 눈빛으로 내려다보면서 "난 이 나라에 안 태어나서 천만다행이야."라고 자족하는 것보다 나을지도 모른다.

마두라이의 뒷골목도 마약상들이 많았다. 사실 이 도시는 뭐든 많았다. 인디아의 전통적인 도시들은 대개 그런 식이다. 마두라이도 마찬가지였다. 전형적인 인디안 도시였다. 모든 것이 많아도 너무 많았다. 순례자들도 많고,-하루에 평균 만 명 정도가 찾는다-관광객들도 많고, 릭샤도 많고, 절망에 빠진 릭샤 드라이버도 많았다. 뿐만 아니다. 잡상인도 많고 가게도 많았다. 식당도 많고 식당에 쥐도 많았다.

어느 식당에서 밥을 먹는데 테이블 밑으로 조그만 쥐가 지나간다. 가만히 보니 한두 마리가 아니다. 피리라도 불면 조그만 식당 바닥이 전부 회색 쥐 떼로 뒤덮일 분위기다. 하지만 신경 쓰는 사람은 아무도 없다. 한 마리라면 대소동을 벌였겠지만 수십 수백 마리라면 일상이 된다. 한 명을 죽이면 살인자가 되지만 수천 명을 죽이면 영웅이 된다. 저녁 식사로 주문한 파로타와 피쉬 맛살라는 불처럼 뜨거워 손가락이 데일 정도이니 위생걱정은 하지 않아도 좋다. 열(heat)은 불확실성이 판을 치는 인디아에서 언제나 가장 믿을 만한 살균의 방법이다.

"휴지 없어요?"

손가락에 묻은 맛살라를 닦아내기 위해 내가 부탁하자 털북숭이 주인은 잠깐 당황하더니 곧 자신만만하게 웃으며 어디선가 신문지 잘라놓은 것(테이크 아웃 포장용)을 몇 장 가지고 돌아온다. 친절한 주인, 신문지를 나에게 내밀기 전 두 손으로 바락바락 한참 구겨서 주는 수고도 마다치 않는다.

휴지를 요구하는 것은 오직 나처럼 철없는 외국인들뿐이다. 인디안 식당이 모두 그렇듯 현지인들은 한결같이 식당 구석에 마련된 개수대에서 흐르는 물로 손을 씻는다.

마두라이 식당에 휴지는 없지만 이 도시에 양복점은 매우 많이 있다. 마두라이는 고대 이래로 실크의 명산지이다. 사원 근처에는 외국인 관광객들을 상대로 옷 맞춰주는 양복점이 수도 없이 늘어서 있었다. 신심과 물욕이라는 서로 상충되는 두 가지를 동시에 만족시키는 효율적인 시스템이다.

"그것과 똑같은 드레스, 2시간이면 얼마든지 만들 수 있어요."

길을 걷는 나에게 다가와 끈질기게 호객하는 청년이 있다. 아버지와 함께 사원 근처 건물 2층에서 양복점을 운영한다고 하는데 어떤 옷이든 똑같이 카피할 수 있다고, 똑같지 않으면 돈을 아예 받지 않겠노라 나를 유혹한다. 가격은 단돈 만 원.

유혹은 거기서 그치지 않는다.

"사원 주변 관광 한 시간에 2000원."

양복장이들보다 더 끈질긴 것은 오토릭샤 드라이버들이다. 그러나 나는 오토릭샤 드라이버보다 한층 더 고된 삶을 살아가는 사람들을 택하기로 했다. 인력거꾼. 좌석을 매단 자전거를 타는 노인들. 실컷 타도 500원. 인간다리에 대한 가엾은 모독이다.

노인의 다리는 완전한 갈색으로 나뭇가지처럼 앙상해서 충격을 주면 곧 부러질 듯 위태로워 보인다. 가장 힘든 것은 언제나 첫 바퀴이다. 닳아빠진 가죽샌들을 꿴 갈퀴 같은 발을 녹이 슨 페달 위에 올려놓고 고통스러운 신음소리와 함께 갖은 용을 쓰지만 삼로는 좀처럼 움직일 생각을 하지 않는다. 다시 한 번 힘을 주자 그제야 힘겹게 굴러가는 자전거. 차라리 노인을 내 자리에 앉히고 내가 페달을 밟는 편이 수월하리라.

자전거는 이제 굴러가기 시작했다. 시작이 반이라고, 그 다음은 쉽다. 일도 아니다. 앞에서 다가오는 자동차들, 수많은 오토릭샤, 삐걱대는 자전거, 행인들, 그리고 어슬렁거리는 허연 소와 피부병에 걸려 절뚝거리는 견공들, 갑작스러운 오후의 소나기가 만든 물웅덩이와 부실공사로 달 표면처럼 여기저기 푹 파인 도로의 구덩이만 용케 피하면 되니까.

이윽고 인력거가 도착한 곳은 마두라이의 상징이자 남인도에서 가장 유명한 사원 중의 하나인 미낙쉬(Minakshee)였다.

미낙쉬. 물고기의 눈을 가진 여신. 가난한 과부와 어린애, 학대받는 여인들과 어려서 죽은 여아들의 보호신. 총 면적 6에이커, 40~50m 높이의 거대한 고푸람이 열두 개나 솟아있는 아주 큰 사원이다. 2천 년 전 드라비다 양식의 극점을 보여주는 화려한 사원 입구는 늘 뭔가를 갈구하는 각종 사람들로 들끓고 있다.

"꽃 사세요."

사원 속으로 들어가기 위해서는 반드시 신발을 벗어야 한다. 누구라도, 언제라도 예외는 없다. 거지와 잡상인, 검은 옷을 입은 순례자들이 뒤섞여 복잡한 인파를 뚫고 사원으로 들어서니 갑자기 별세계처럼 한적한 공간이 나타난다. '옴(열심히 외면 니르바나에 닿을 수 있다고 믿는다)' 소리가 공기를 뚫고 울려 퍼지는.

힌두교 교리의 다원론적 세련됨에 비해서 사원의 분위기는 별로 인상적이지 못하다.

"꽃 사세요."

누추한 옷을 입은 여자, 소녀라고 말하기엔 나이가 들었으나 아줌마라고 말하기에는 아직 어린 그런 여인이 잽싸게 내 옆으로 접근한다. 재스민을 엮어 만든 하얀 꽃장식이 가득 담긴 바구니를 한 팔에 끼고 있다.

"단돈 50루피만 내세요."

미처 말릴 틈도 없이, 그녀는 놀랄 만큼 빠른 솜씨로 내 포니테일 위에 꽃 장식을 묶어버린다. 그 손놀림은 마술과도 같아서, 시작은 없이 끝만 있고 누구도 그 손가락을 막을 수는 없을 것 같다.

코를 간질이는 재스민 냄새가 아니었다면 나는 당장 꽃 장식을 떼어버렸을 것이다. 그러나 향기가 너무 좋았다. 10루피짜리 동전을 한 개 손바닥 위에 떨어뜨리자 그녀는 살짝 콧등을 찡그린다. 그러나 험상궂은 표정은 오래 가지 않았다. 그런 꽃 장식은 사원에서 멀지 않은 시장에 가면 kg당 몇 푼으로 살 수 있으니까.

"이름이 뭐예요?"

돌아서던 나는 걸음을 멈췄다. 남인도인들은 매우 수줍음을 탈 뿐더러 상당히 실질적인 사람들이라 비즈니스 이외의 질문을 던지는 경우는 거의 없다.

"이름이 뭐예요?"

이런 질문은 "얼마예요?" 나 "깎아줘요."와는 완전히 다른 언어로 들린다. 박시시 혹은 하시시와도 다른.

10루피를 챙긴 여자는 그새 돌바닥에 주저앉았다. 비즈니스가 모두 끝난 상대에게 호기심을 보이는 것은 매우 드문 일로, 아직 어리거나 아니면 호기심이 많다는 뜻이다. 결국 같은 뜻이다.

그녀는 바구니를 헤쳐 실을 꿴 바늘을 집어 다시 화환을 만들기 시작했다. 세상에서 제일 바쁜 사람 같은 표정으로. 내가 준 동전을 받은 손가락이 이제는 하얀 꽃잎을 만지고 있다. 꽃잎과 돈을 바꾸고 돈과 먹을 것을 바꿀 것이다. 음식은 입으로 들어가고 다시 꽃잎으로, 동전으로, 그리고 맛살라와 로티를 통해 다시 입으로 들어갈 것이다. 윤회의 매력은 불가항력과 함께 바로 그 단순함에 있다.

여자는 '라히타'라고 자기 이름을 밝혔다. 한 손에는 재스민을, 바늘을 잡은 다른 손은 여전히 쉬지 않은 채.

"이리로 와서 이야기를 좀 해봐요. 어디에서 왔는지."

내가 그동안 입을 다물고 있던 것은 아무도 묻지 않았기 때문이다.

그래서 나는 남인도에 도착한 후 최초로, 물고기의 눈을 가진 여신의 도시에서, 까맣게 잊고 있던 옛 이야기를 시작했던 것이다. 내가 어디에서 왔는지.

"그러나 주위를 둘러보라……. 죽음과 빛은 어디에나, 어느 때에도 존재한다. 그리고 그들은 우리 이름 없는 것들의 꿈인 이 세계를 위해 윤회 속에서 말을 불태우며, 시작되고, 투쟁하고, 봉사하고 있는 것이다. 하나의 아름다움을 창조하기 위해서. 마치 사프란색의 장삼을 두른 자들이 지금도 빛의 길에 관해 명상하고, '무르가'라고 불리는 소녀가 매일 신전으로 와서 영묘 안에 있는 어두운 눈동자를 한 그녀의 신 앞에 그가 받는 유일한 공물인 꽃을 바치는 것처럼."

〈신들의 사회〉-젤라즈니

Journey 03
낯선 공간, 마술의 시간

South A

누드비치 아메리카
M e x i c o

모든 것이 계획대로였다면, 그날 밤 와하까(Oaxaca)에서 평온한 잠이 들었을 것이다. 밤 버스 안에서 그 여자와 마주치지 않았더라면.

멕시코시티에서 머물던 나는 다음 목적지인 와하까 행 밤버스에 올랐다. 커다란 버스는 지평선 너머로 뻗은 황량한 회색 도로를 끝없이 달렸다. 남쪽으로 내려가며 점차 사막풍경으로 변해갔다. 경치라고 해 봐야 불타는 태양빛에 말라붙은 나무들과 짤막한 풀이 늘어선 고속도로변의 단조로운 풍경이 고작이었지만 그나마 해가 지면서 어둠에 잠겨 가라앉고 말았다.

이윽고 바깥은 완전히 캄캄해졌다. 잠을 자라는 운전사의 배려인지 불을 모두 꺼놓은 상태라 버스 속 또한 동굴처럼 어두웠다. 가이드북을 더 이상 읽을 수가 없어 무릎 위에 내려 놓고 말았다.

둥그런 헤드라이트 불빛에 하얗게 비쳤다 곧 버스 바퀴 밑으로 사라지는 검은 고속도로를 바라보며 무료한 시간을 보냈다. 산길로 접어들었는지 암회색 절벽과 바위투성이의 도로는 점점 구불구불해지기 시작하더니 버스는 지루한 턴을 한 시간 이상 반복했다.

자다 깨기를 몇 번이나 했을까. 이제 거의 와하까에 다 오지 않았을까. 상체를 길게 빼고 기사에게 물어보니 기사 옆 버스 바닥에 주저앉아 담배를 피우고 있던 붉은 포도주색 스웨터의 여자가 그렇다고 대신 대답했다. 병자처럼 푹 꺼진 눈의 갈색머리 여자였는데 얼마나 골초인지 틈이 벌어진 앞니 두개가 니코틴에 노랗게 물들어 있었다.

"넌 와하까에 가나?" 여자가 나에게 물었다.

"그래. 너도 물론 그렇겠지?"

"아니, 난 시폴리테(Zipolite)로 간다."

"하지만 이 버스는 와하까 행인데?"

"와하까를 거쳐서 포추틀라(Pochutla)까지 가는 버스야. 시폴리테는 포추틀라 부근의 어촌인데, 아주 좋은 곳이야."

대화가 시작되었다. 그녀의 이름은 '마르셀라'라고 했다. 남유럽인과 같은 외모를 가진 서른 살가량의 여자로 멕시코 시에서 미술품 딜러로 일한다고 했다. 창백한 안색과 퀭한 눈매와는 어울리지 않는 붉은 입술에 병적인 활력이 엿보였다. 아르헨티나 인 친구 한 명과 함께 시폴리테란 곳으로 휴가를 가는 중이라고 했다.

이런저런 이야기를 하는 동안 와하까로 가려했던 마음이 점차 흔들리기 시작했다. 와하까 남쪽의 해변인 푸에르토에스콘디도 (Puerto Escondido)에 대해 문자 마르셀라는 시폴리테가 거기보다 훨씬 조용하고 좋다고, 파도가 거센 해변이기 때문에 수영하기는 적당하지 않지만 아무튼 굉장히 아름다운 바닷가라고 했다.

"시폴리테가 네 가이드북에 나와 있나 한번 찾아보렴."

나는 컴컴한 어둠 속에서 가이드북을 펼치고 조그만 손전등을 비췄다. 하얀 불빛 아래 다음과 같은 설명이 적혀 있었다.

……이곳이 바로 히피들에게 유명한 어부의 마을 시폴리테. 가능한 한 적게 쓰고, 적게 생각하고, 적게 움직일 수 있는, 동성애와 누드, 마약이 흔한 바닷가.

"우리와 함께 시폴리테로 가지. 난 벌써 20년째 거기에서 매년 여름휴가를 보내고 있는데 여태 단 한 번도 실망한 적이 없어."

비탈진 길을 넘자 광활한 야경의 불바다가 나타나더니 곧 와하까 시의 버스 터미널에 도착했다. 나는 내리지 않았고 버스는 곧 다시 출발했다.

구불구불한 좁은 길이 끝도 없이 이어졌다. 두통과 함께 속이 울렁거리기 시작했다. 불 꺼진 버스는 성난 신음 같은 엔진소리와 함께 검은 괴물처럼 캄캄한 어둠을 뚫고 마구 달렸다. 마르셀라는 내 옆자리에 앉아 끝없이 담배를 피워대고 나는 올이 거친 그 여자의 포도주색 털스웨터에 기댄 채 꾸벅거리며 반쯤 졸고 있었다. 헤드폰에서 부활의 노래가 벌써 몇 번째인지 모를 정도로 되풀이해서 돌아갔다.

　꿈이 아닐까. 누군가의 자궁 안처럼 캄캄한 버스, 보이는 것이라고는 내 옆모습뿐인 검은 유리창, 깔깔한 겨울 스웨터에 푹 절어있는 담배 냄새와 귓속을 맴도는 슬픈 한국어 노래. 이 정도 정보만으로는 내가 지금 어디에 있는지 세상 누구도 모를 것이다. 나조차도 이 여자가 아니었더라면 어디로 향하고 있는지 알지 못했겠지. 끝도 시작도 없는 남부 멕시코 고속도로 위 어느 한 지점이라는 것 말고는.

　서울 생활이 생각났다. 어디를 가나 공중전화는 늘 눈에 보이는 곳에 있었고 귀에는 지울 수 없는 기억처럼 모국어가 따라 붙었다. 나를 둘러싼 모든 자극이 해석불가의 여지라곤 조금도 없이 한여름 사나운 태양처럼 극명하고 가차 없이, 내 의식의 줄은 항상 필요 이상으로 팽팽하게 조여져 끊어질듯 튕겨낼듯 아슬아슬한 상태였다. 아무리 만취한 상태라도 집을 찾아가지 못하는 일은 벌어지지 않았다. 정신을 차리고 보면 어김없이 집이었고 벽시계의 바늘은 늘 내가 원하는 것보다 더 늦은 시각을 가리키고 있었다.

　나는 집에서 비행기로 스물다섯 시간쯤 걸리는 곳에 있었다. 마르셀라가 내 어깨를 흔들어 깨웠을 때, 버스는 어느 시골길에 정차해 더 이상 움직이지 않고 있었다. 컴컴한 어둠사이로 허름한 건물들이 희미하게 보였다. 사람들이 한 명 두 명 버스에서 내렸다.
　"자, 이제 다 왔어. 여기가 포추틀라야. 시폴리테는 여기서 택시를 타고 한참 더 들어가야 한다."

뒷자리에 앉아있던 마르셀라의 파트너, 아르헨티나 태생인 키 큰 여자 패트리샤도 감긴 눈을 비비며 버스에서 내려섰다.

마을버스는 요금이 싸긴 하지만 아침 여섯 시부터 다니기 때문에 새벽 네 시인 지금은 택시를 탈 수밖에 없었다. 우리는 쌀쌀한 밤공기에 덜덜 떨면서 요금을 나누어 내고 낡아빠진 택시에 차례로 올라탔다. 아직 해가 뜨지 않아 길은 매우 어두웠고, 좁은 해안도로 왼편에 바다가 놓여 있다는 것이 가늠될 뿐 보이는 것이라곤 아무것도 없었다.

모퉁이를 돌 때마다 조금씩 커지는 나지막한 파도소리만이 우리가 점차 바다에 가까이 가고 있다는 것을 알게 해 주었다. 먼 곳에서 서서히 산이 무너지는 듯 아련하고도 위압적인 소리였다. 택시는 그 굉음을 뚫고 구불구불한 산길을 날듯이 질주했다. 열린 창문 틈으로 들어오는 차가운 바람에 섞인 소금 냄새를 맡았을 때, 피곤한 중에도 내 마음은 뛰기 시작했다.

마침내 해변에 도착했을 때는 다섯 시가 조금 넘은 시간으로 주변은 아직도 칠흑 같았다. 각자 짐을 둘러매고 조심조심 걸음을 내딛어 요란하게 파도치는 검은 바다 쪽으로 다가갔다.

개중 가까운 바닷가의 숙소를 찾아가 큰 소리로 고함을 지르니 마당 여기저기 걸려있던 해먹들 중 하나에서 검은 그림자가 부스스 일어난다.

아주 허름한 민박집이다. 회색 콘크리트로 대강 만든 2층 건물로, 1층에는 가족들이 살고 2층의 방 3개를 여행자들에게 빌려주고 있었다. 상자처럼 멋대가리 없는 외관과 허술한 문, 원시적인 화장실 등으로 매력이라곤 전혀 없이 너절하기 짝이 없는 곳이었지만 96년 (아니, 97년이던가?) 태풍 폴린(Paulin)으로 집이다 야자수다 완전히 박살이 난 시폴리테에서는 가장 흔히 볼 수 있는 가옥형태였다.

태양빛에 색이 바랜 노랑머리의 뚱뚱한 주인아저씨를 따라 2층으로 올라가니 콘크리트 바닥의 널찍한 방에 형편없는 매트리스의 풀 사이즈 베드와 다리의 길이가 맞지 않아 삐걱거리는 테이블, 의자 하나가 놓여 있었다. 그리고 유일하게 마음에 드는 물건, 검고 윤기 나는 아주 커다란 해먹이 침대 옆에 하나 매달려 있었다.

해먹은 내 방 바로 앞에도 희고 큼직한 것이 하나 더 걸려 있었다. 멕시코와 캐러비안의 어촌들은 모두 해먹을 침대 대신 쓴다더니.

좀 더 싼 숙소를 찾아본다며 마르셀라와 패트리샤는 떠나버렸다. 짐을 들고 2층으로 올라가자 거대한 가슴을 흔들며 늙은 세뇨라가 침대시트와 빗자루를 들고 내 방으로 들어가는 것이 보였다.

청소가 끝날 때까지 기다려야 했다. 방 앞쪽으로 펼쳐진 넓은 옥상에는 해먹이 여러 개 매달려 있었다. 입고 있던 스웨터와 바지를 벗고 옥상 가장 바깥쪽에 걸려있는 하얗고 큰 해먹에 몸을 눕혔다. 그동안 내가 보아온 해먹의 세 배는 넉넉히 될 정도로 커다란 크기에, 양털로 짠 것인지 부드럽고 포근하기 이를 데 없었다.

바다에서 차가운 바람이 세차게 불어왔지만 반대 방향에서 몰아치는 졸음을 막기에는 역부족이다. 믿음이 가는 튼튼한 두 팔에 안

긴 것처럼, 나의 몸은 점점 해먹 깊숙이 가라앉았다.

청회색 바다와 하늘이 마술처럼 조금씩 밝아오고 있었다. 바닷바람은 여전히 거칠게 불었지만 해먹 속은 엄마 품에 들어온 것처럼 아늑하기만 했다. 저 아래에서 거대한 파도가 해안에 부딪혀 흰 거품과 함께 산산이 깨어지는 것이 보였다.

검은 얼굴에 하얀 머리의 세뇨르(장년의 남자)가 다가와 누워있는 나를 굽어보며 뭐라고 말을 걸었지만 대꾸할 기력이 없었다. 피로했다. 어두운 바다 저편 수평선 위로 약간의 분홍빛이 번지기 시작하는 것을 본 것이 마지막이었다.

의식이 돌아온 것은 해가 완전히 뜬 다음이었다. 세 시간쯤 잤을까, 시계를 보니 아침 여덟 시가 지나 있었다. 처음 느낀 것은 추위였다. 그 다음은 불안감.

바다는 여전히 요란한 소리와 함께 하얀 파도로 출렁이고 있었다. 오랜만에 목격하는 흉포한 바다였다. 폭풍이 몰려오기 직전처럼, 불길하고 소란스러웠다.

갈색으로 그을린 맨발의 남자들이 해안가에 선 채 높은 파도를 향해 그물을 던지고 있었다. 해변의 모래는 온통 붉은색으로 남성적인 군청색 바다와 완벽한 대조를 이루었다. 바람이 심해 옷자락과 머리칼이 마구 날렸다. 입 속으로 끈질기게 파고드는 바람과 내 머리카락에 숨이 막힐 지경이다.

이제 해도 떴고 한숨 자고 일어난지라 피곤함도 좀 가셨을 것이지만 어쩐 일인지 나는 하얀 해먹 속에서 몸을 꼼짝도 할 수가 없었다. 생기를 모조리 빨려버린 것처럼 기운이 없다. 거미줄에 걸린 작은 나방처럼. 몸에게 명령을 내릴 머리도, 명령한들 복종할 의지도 없었다.

저렇게 제멋대로 날뛰는 바다는 본 적이 없다. 일어나기 싫었다. 나의 육체는 하얀 그물 속으로 점점 더 깊숙이 빠져 들어 이제 해먹에서 몸을 일으키는 것은 거의 불가능한 일처럼 느껴졌다. 의식은 손을 뻗으면 닿을 듯 가까운 곳에 있었지만 차마 손을 들 수가 없었다. 그대로 누운 채로 눈앞에 펼쳐진 하얀 하늘과 불그스름한 모래사장, 그리고 회색 파도로 넘칠 듯 출렁이는 검은 바다를 보고 있을 수밖에.

기다리기로 했다. 하늘 위의 해가 너무 뜨거워져서 그 열기에 더 이상 견디지 못하게 될 때까지. 인내심을 잃은 몸이 결국은 머리도 없이 벌떡 일어나 그늘을 찾아 저벅저벅 걸어 나가게 될 때까지.

다시 정신을 차리자 어느새 점심 시간이었다. 숙소를 찾아온 마르셀라가 나를 억지로 일으켰다. 그 여자에게 팔을 잡힌 채 비틀거리며 옥상 가장자리로 다가가 오직 바다뿐인 풍경을 내려다보았다.

이렇게 쓸쓸한 바다의 모습은 본 적이 없었다. 정신 못 차리게 불어대는 바람과 노란 태양, 그리고 파도처럼 불규칙적으로 밀려오는 간헐적인 두통.

마르셀라는 여전히 내 팔을 붙들고 있었다. 혈색 나쁜 얼굴의 그녀가 힐쭉 웃었다.

"시폴리테가 무슨 뜻인지 알아?"

이탈리아어라는 것 외에는 모르겠는데. 나는 고개를 저었다. 여윈 뺨을 내 얼굴에 가져다댄 그녀는 검은 구멍과도 같은 입을 살며시 벌렸다.

"죽기에 적합한 장소."

해변과 코로나
Mexico

　이곳은 지극히 평화로웠다.

　여기서 멀지 않은, 좀 더 알려진 해변인 푸에르토 에스콘디도(Puerto Escondido)보다 훨씬 더 한적했다. 몇 안 되는 외국인 여행자 외에는 주로 당일치기로 찾아오는 현지인 관광객들, 그리고 그와 비슷한 숫자의 마을사람들뿐이다. 해변이나 마을의 어디를 가도 소란스러운 광경이라곤 찾아볼 수가 없다. 바다가 보이지 않는 곳에서도 항상 파도소리가 들렸다.

　이 조그맣고 가난한 어촌의 주민들은 관광객을 상대로 허름한 숙소나 식당을 운영하거나, 물고기를 잡거나, 둘 다 겸업하며 살고 있었다. 일 년 내내 내리쬐는 햇볕 때문인지 남녀노소를 막론하고 얼굴과 몸이 모두 심하게 그을린 상태였다. 다갈색 남자들이 햇볕에 노랗게 변색된 헝클어진 머리를 짐승 갈기처럼 아무렇게나 늘어뜨리거나 칭칭 하나로 동여맨 채 새벽부터 해질녘까지 거친 바다에 그물을 던져 '사르디나'라고 불리는 어른 손가락만한 멸치를 건져 올리는 것이 마을에서 볼 수 있는 가장 일상적인 풍경이었다.

뭍에서, 이렇게 가까운 해안에서 잡는 것치고는 신기하다 싶을 정도로 그물은 매번 꽤 묵직하게 올라왔다. 그물을 붉은 모래사장 위로 끌어올리면 뒤에서 초조하게 기다리고 있던 어린애들과 여자들이 즉시 그물 주위로 둥글게 모여들었다.

촘촘한 그물 틈에 끼어서 팔딱거리는 가느다란 사르디나를 하나씩 빼내 낡은 양동이에 재빨리 담는다. 그물 틈새에서, 사람들의 갈색 손가락 사이에서, 이리저리 펄떡대는 작은 고기의 은빛비늘이 햇빛에 부딪혀 멀리 숙소 옥상의 해먹에 누워 있던 나의 눈을 부시게 했다. 붉은 바닷가를 산책하노라면 조그만 영혼들이 햇볕에 바짝 말라비틀어진 채 여기저기 널려 있는 것이 수없이 보였다.

밤늦게까지 메스칼을 마신 탓인지 눈을 떴을 때는 벌써 아침 10시가 넘어 있었다. 숙취는 멕시코 여행에서 느끼는 거의 유일한 고통이다. 뒤통수를 세차게 얻어맞은 것처럼 머리가 다 지끈거렸다. 삐걱거리는 침대에서 일어나 의자로 막아두었던 방문을 열어젖히니 컴컴한 방 안으로 시원한 바람과 흐린 빛이 쏟아져 들어왔다. 온통 하얀 하늘이 가장 먼저 보였다. 그리고 끊임없이 밀려드는 거센 파도 때문에 하얗게 물거품이 부글거리는 어두운 색깔의 바다…….

방문을 활짝 연 채로 검정 해먹 속에 누워 오전 시간을 보냈다. 헐벗은 콘크리트 벽으로 감싸인 조그만 방은 바닷바람으로 터져나갈 듯했다. 기기묘묘한 소리와 소금냄새가 방안을 빙글거리며 돌아다녔다. 문을 마주보고 누워있는 나의 머리칼이 정신없이 날렸다.

가는 결로 신축성 있게 짜인 특대 해먹은 사람 두 명이 편안히 눕고도 남을 만큼 커서 나는 고무줄로 만든 망에 걸린 물고기처럼 그 속에서 이리저리 자유자재로 뒹굴 수 있었다. 꿈과 무의식, 두통이 태평양의 바람과 햇살에 한데 뒤섞여 정신을 차릴 수가 없다.

갑자기 배가 고팠다. 텅 빈 뱃속이 쓰라리기 시작했다. 그러나 해먹을 벗어나는 것은 생각보다 너무 어려웠다. 인간을 무력하게 만드는 요물처럼 느껴졌다.

이 동네에는 집 안이나 집 앞이나 옥상이나 뒤뜰이나, 어디든지 조금의 공간만 있어도 커다란 해먹을 매달아 놓았다. 낮과 밤의 구분 없이 덫에 걸린 커다란 새처럼 그물 속에서 축 늘어진 채 흔들거리고 있는 사람들이 눈에 띄었다.

이 작은 어촌 전반에 나른하고 무기력한 공기가 무겁게 깔려 있었다. 그리고 그것은 하품처럼 전염성이 강력했다. 중력이 지구 다른 곳의 2배는 되는 것처럼, 머릿속은 둔해지고 행동은 점점 더 느려졌다. 한참을 아무런 이유도 없이 지체하다 어느 순간 간신히 해먹에서 빠져나온 나는 옷을 집어입고 마르코네 식당으로 갔다.

Marco's는 마르셀라의 친구인 마르코라는 사내가 운영하는 테이블 다섯 개 가량의 작고 깨끗한 식당이다. 해변에 접해 있지 않아 바다는 보이지 않았지만 파도소리는 오래된 기억처럼 끈질기게 나를 따라붙었다. 고수머리의 명랑한 마르코는 유럽 피가 듬뿍 섞인 얼굴에 자그마한 체구인 반면 부인은 검고 평평한 원주민의 얼굴에 검은 머리를 틀어 올린 당당한 몸집의 여자로 조용하고 부끄러움을 많이 탔다.

메뉴는 몇 되지 않았다. 점심에는 튜나 스테이크, 저녁에는 튜나를 양념해서 미트볼처럼 빚은 것을 당근과 감자를 넣고 얼큰하게 끓여낸 스튜가 주 요리였다. 무엇을 먹던 항상 깨끗한 면 수건으로 덮은 뜨거운 또띠야-옥수수나 밀가루로 만든 만두피처럼 생긴 멕시칸 스테이플(Staple)-를 가져다주었다. 소박한 음식이지만 맛은 그만이다.

그런데 오늘은 세뇨라가 없었다. 혼자 생선을 손질하던 마르코가 나를 맞았다. 부인은 포추틀라(Pochutla)에 볼 일이 있어서 애들을 데리고 외출했단다. 자기가 밥을 차려줄 수 있지만 가능한 메뉴는 튜나 스테이크 하나뿐이라고.

방금 튀겨낸 감자와 함께 어른손바닥만한 튜나를 구워 내왔다. 토마토와 양파, 양상추를 곁들였다. 그 옆에 놓인 납작한 사기그릇의 뚜껑을 열어보니 뜨끈뜨끈한 또띠야가 수북하게 들어있었다. 배가 고프던 차에 좋아하는 생선 요리라니, 금세 깨끗이 먹어치웠다.

솔(Sol)을 두 병째 마시고 있는데 식당으로 마르셀라가 들어왔다. 패트리샤는 숙소의 해먹에 누워서 꼼짝도 않으려 해서 혼자 나왔노라고 했다.

이런저런 이야기를 하다가 사랑의 해변(Amor Beach)이라는 곳에 가기로 했다. 해안을 따라 죽 걸어 올라가다가 해변 끝의 바위절벽까지 간 후, 절벽 옆으로 난 좁은 길을 따라 언덕을 올라가면 그 건

너편에 또 다른 해변이 있다고 했다. 절벽과 절벽으로 둘러싸여 비밀스러운, 폭이 100m도 안 되는 비밀의 해변이라고.

왜 '사랑의 해변'이라 부르는지 물었지만 마르셀라는 별다른 대답을 하지 않았다. 집채만한 파도가 이는 바다를 지나 가파른 언덕길을 겨우겨우 올라 절벽의 꼭대기에 이르렀을 때, 나는 비로소 그 이유를 알 수 있었다.

숨이 턱에 닿아 까마득한 절벽 위에서 내려다본 건너편 해변에는 긴 금발머리 서양여자 한 명밖에 없었다. 그 여자가 몸에 걸친 것이라고는 하얀 카우보이모자 하나뿐이었다.

"저길 좀 봐라."

마르셀라가 어딘가를 가리켰다. 세찬 파도가 몰아치는 반대쪽 절벽 근처의 바위 위에 현지인 남자들 몇 명이 옹기종기 이쪽을 향해 위태롭게 앉아 있었다. 벗은 여자를 구경하고 싶은 것이다.

멕시코 해변은 누드가 많다. 특히 이곳 시폴리테는 인적이 드물고 히피와 유럽인들이 모이는 곳-이탈리아에도 시폴리테(Zipolite)라는 동명의 바닷가가 있다-이기 때문에 누드가 일반적이다. 하긴 누드비치로 지정되어 있지 않아도 바닷가에 사람이 이렇게 없으니 옷을 벗던 입던 그 사람 마음이었다.

진정한 자유는 결국 아무도 없는 곳에서만 구현 가능하다는 것, 사회를 지배하는 규범의 생성과 수성의 의무감은 결국 일정 이상의 인간 숫자를 전제로 한다는 것, 나체가 아니면 입장 불허인 서유럽의 누드비치에서 만끽하는 자유란 포장만 바꾸었으되 규범의 반동,

다시 말해서 형태를 바꾼 또 다른 규범에 지나지 않았다.

중요한 것은 벗는 자유가 아니라 입든 벗든 뜻대로 할 수 있는 자유일 테니 결국 완전한 탈규범이란 사회를 구성할 만한 인간이 없는 곳, 즉 멕시칸 퍼시픽의 조그만 벽촌이나 한여름 밤의 꿈, 아니면 헛된 상상 속에서나 가능하리라.

둥글게 만이 진 해변은 작았지만 조형적으로 완벽하다고 할 만했다. 높다란 두 절벽이 해변의 양쪽 끝을 장벽처럼 둘러싸고 있어 그 속에 든 조그만 해변은 아늑하고 비밀스럽게 느껴졌다. 좁은 앞바다에는 철렁거리는 파랑 물이 담뿍 담겨져 있었다. 세찬 물결 때문에 짙푸른 바닷물은 부글거리며 하얗게 끓어오르는 것처럼 보였다. 감히 들어갈 엄두가 나지 않는 험악한 바다였다.

마르셀라와 나는 옷을 벗고 물이 들어오는 해안에 조심스럽게 드러누웠다. 하늘을 똑바로 보고 죽은 듯 반듯하게 나란히 누웠다. 이글거리던 금빛 태양은 하얀 구름에 가려져 흐릿해졌다. 차가운 바닷물이 쏴, 하고 밀려와 단번에 우리를 흠뻑 적시고는 몸 밑의 가느다란 모래를 긁으며 저 멀리 밀려나갔다. 내 몸 아래 모래가 쓸려나가며 발꿈치가 점점 더 땅 속 깊이 파고들었다.

마르셀라가 마시던 코로나를 내게 내밀었다. 물에 젖어 매끄러운 유리병이 아직도 차가웠다.

"난 저럴 때의 태양이 가장 좋아. 마주 쳐다봐도 눈이 아프지 않으니까."

그녀가 말했다. 나도 그렇게 생각했다. 타는 듯한 격렬함을 반투명의 거즈로 한 겹 감싼 듯, 화상을 입히지 않을 정도로 부드러운 아주 좋은 태양이다.

넘겨받은 병 속에 반쯤 남아있던 황금색 액체를 꿀꺽이며 들이마셨다. 마른 목에 차가운 맥주가 넘어가니 뱃속까지 차가워졌다. 파도가 미지근하게 느껴질 정도로 몸이 뜨거워지자 우리는 걸치고 있던 것을 몽땅 벗어 뒤편 모래사장으로 힘껏 던졌다.

하늘을 보자 뭉게뭉게 구름이 가득한 흐린 하늘 속으로 마음껏 날아다니는 하얀 물새가 보였다. 스스로 날 수 있는 생명체. 다시 태어나게 된다면 그때는 새로 태어나는 것도 좋겠다. 옆에 누운 마르셀라가 스페인 어로 알아들을 수 없는 말을 중얼거렸지만 나는 고개를 돌리지 않았다. 잠깐, 잠깐만 좀 가만히 있어 봐라.

바닷가에서 싹이 터서 염분과 햇살을 받아 자라난 생명체처럼, 나는 거기 그대로 누워 있었다. 꾸준히 속눈썹을 태우는 햇살은 맑고 뜨거웠고, 맨몸에 부딪히는 거품 이는 파도는 상쾌하기 이를 데 없었다. 눈을 감은 채 심호흡을 하듯 깊은 숨을 내쉬었다. 바람이 콧속을, 이어서 머릿속을 가득 채웠다.

등 뒤에 닿은 차가운 모래는 부드러웠고, 젖은 몸에 스치는 바닷바람은 더없이 서늘했다. 하늘을 뒤덮은 하얀 구름은 꿈결처럼 부드러웠다. 모래와 파도, 태양과 바람, 이 모든 순결한 것들에 동시에 둘러싸여 있다니, 믿을 수가 없다. 갑자기 기분이 좋아져서 옆에 축 늘어진 여자는 아랑곳하지 않고 혼잣말을 했다. 나는 행복하다, 행복하다, 행복하다, 라고.

나는 말을 타 본 적이 없단 말이야!
Colombia

아주 조용한 아침이다.

방안의 공기는 싸늘했지만 거칠게 짠 털 담요로 폭 감싸인 덕에 몸은 따뜻했다. 눈을 뜬 후에도 한참을 그대로 누워 있었다. 지금이 몇 월 며칠인지, 지금 누워있는 이 낯선 방이 어디인지 내가 놓인 낯선 시공간의 씨실과 날실을 더듬어나가는 일 분여의 혼돈이 좋았다. 흐트러진 의식의 컴컴한 통로를 비틀거리며 빠져나와 밝은 빛의 명확한 세상으로 나오기까지, 짧고 불안하며 극도로 황홀한 몇십 초의 어지러운 순간이.

흰빛이 새어드는 나무 덧문을 열어젖히니 돌연 눈부신 금빛 아침햇살이 좁은 방안으로 마구 쏟아져 들어왔다. 환한 햇볕과 함께 깊은 산 속 샘물처럼 쨍하니 차갑고 신선한 아침 공기가 방안 가득 넘쳐들었다.

우유나 되는 듯 그 공기를 달게 들이켰다. 어머니는 아침마다 손잡이가 달린 커다란 사기 컵에 넘칠 듯 가득 흰 우유를 부어주곤 하셨다. 비릿한 생명의 냄새에 얼굴을 찡그리며 순백색의 차가운 액체를 꿀꺽거리며 마시던 시절이 있었다.

또드락또드락, 말발굽 소리가 들려왔다. 창밖을 내다보니 커다란 말이 끄는 납작한 나무수레를 탄 농부가 지나가고 있었다. 낡은 수레에 무엇인가 가득 담긴 마대자루를 몇 개 싣고 늙은 농부는 거칠게 짠 모직 판초을 두르고 희끄무레 빛바랜 카우보이모자를 썼다. 시골다운 조용한 아침풍경에 한동안 그대로 창가에 서 있었다.

콜롬비아의 안데스 깊숙한 마을인 이곳 산 아구스틴(San Aguastin)은 비밀스러운 고대문명의 유적지로 유명한 곳이다. 산 아구스틴과 근처의 산악지대 여기저기에 흩어져 있는 유적들을 지프로 돌아보는 일일 투어를 하고 싶었지만 마을의 관광객은 현재 나 혼자뿐이었다. 지프투어가 아니면 멀고 외진 곳까지 제대로 돌아볼 수 없지만 비용을 나눌 외국인들이 없었다.

지프 대신 말을 타고 가이드와 함께 4시간 동안 마을 인근의 유적지 몇 군데만 돌아보기로 했다. 말을 타고 가는 코스 중에 게릴라가 자주 출몰하는 외진 곳이 있다는 마을 사람들의 충고에 따라 카메라는 숙소에 두고 돈 조금과 음료수만 가방에 넣어가기로 했다.

언덕에는 거대한 하얀 말을 탄 남자 한 명이 나를 기다리고 있었

다. 훌리안(Julian)이라는 이름과 갈색 얼굴을 가진 마흔 살 가량의 농부로 산 아구스틴 인근의 고대석상들까지 나를 안내할 가이드이자 말들의 주인이기도 했다.

나는 그가 탄 말보다 조금 작은 갈색 말에 올라탔다.

"말을 탈 줄 알아요?"

농부의 물음에 고개를 끄덕였는데, 내 인생에서 말이란 동물을 타 본 것은 지금까지 딱 두 번, 그것도 동남아 해변에서 조랑말 비슷한 것을 탄 것뿐이라는 이야기는 물론 하지 않았다. 커다란 짐승의 등에 올라타고 주변을 내려다보니 영지를 둘러보는 영주라도 된 기분이다. 이제 보게 될 논과 밭은 모두 나의 것, 마주치는 주민들은 모두 내 영지에서 농사지으며 살고 있는 나의 소작농들. 훌리안은 내 충신한 보좌관이라고 하자.

우리는 뚜벅뚜벅 앞으로 나아갔다. 평평한 콘크리트길이 끝나갈 무렵 마을 밖 산으로 이어진 흙길이 나타나자 훌리안은 이젠 좀 속력을 내보려는 듯 빠르게 말을 몰며 가느다란 나뭇가지로 내가 탄 말의 궁둥이를 내리쳤다. 찰싹, 채찍을 맞은 말은 오르막길을 힘차게 몇 걸음 올라가는가 싶더니 이내 속도가 붙었다. 점잖게 뚜벅거리던 걸음은 곧 리듬감 있는 달리기(gallop)로 변했다.

반들반들 길이 잘 든 커다랗고 딱딱한 안장 위에서 균형을 잡고 있으려니 허벅지와 종아리에 있는 힘을 다 주어 꽉 죄어야 했다. 덜커덕덜커덕 말의 움직임에 따라 아래위로 오르내리는 하체에 곧 통증이 왔다. 언덕길을 빠른 걸음으로 마구 뛰어 올라가는 말 위에서 사력을 다해 달랑달랑 매달렸다. 어어, 그만해! 사실 나는 말을 타 본 적이 없단 말이야!

얼마나 지났을까, 훌리안이 다가와 말의 속도를 늦추었다.

"여기가 첫 번째 장소예요."

말에서 뛰어내렸다. 우거진 나무 뒤편으로 비탈진 잔디밭이 펼쳐져 있었다. 말을 나무에 묶고 울타리를 넘어 경사가 가파른 풀밭을 조심조심 내려갔다. 풀밭 끝 쪽에 조그만 정자가 지어져 있고 그 아래 크기가 조금씩 다른 커다란 회색 돌 조각이 몇 개 있었다.

부조처럼 윤곽이 밋밋한 환조로 사람과 동물의 중간쯤 되는 모습이다. 미궁에 싸인 산 아구스틴 문명이 남긴 석상 중의 일부였다. 녹음기를 틀어놓은 듯 줄줄 스페인 어로 지껄이는 농부의 설명을 듣고 다시 풀밭을 기어 올라갔다.

아침에는 비가 조금 뿌리더니 지금은 아주 화창한 날씨였다. 파란 하늘은 맑게 개어 구름 한 점 없었고 상쾌한 공기는 풋풋한 풀냄새가 잔뜩 섞여 싱그러웠다. 모자를 깜박 잊고 가져오지 않아 하늘에서 내리쬐는 금빛 햇볕을 고스란히 받아야 했다. 눈을 최대한 가늘게 떴다.

양쪽으로 푸른 산이 펼쳐졌다. 뿌연 먼지가 피어오르는 시골길을 뚜벅뚜벅 걸었다. 가파른 길을 조금 내려가니 길이 점점 좁아지고 양쪽으로 나뭇가지가 잔뜩 뻗쳐 넝쿨처럼 늘어진 어둡고 습기 찬 길이 나타났다.

울창한 나뭇잎이 지붕처럼 하늘을 가리고 있는, 그 사이로 햇볕

이 조각조각 떨어지는 어두운 길이다. 철퍽철퍽 발이 푹푹 빠지는 진흙탕이 이어졌다. 앞장 선 농부의 말은 잘도 가는데 내가 탄 말은 물이 많이 괸 곳만 골라 짚으면서 고집을 부리더니 결국 진흙 속 통나무를 잘못 딛어 갑자기 무릎을 꿇으며 주저앉고야 말았다.

자칫하면 말 위에서 튕겨나가 진흙탕에 구를 뻔 했다. 두 손 두 발로 말을 끌어안다시피 등에 붙어있는 나를 보고 농부가 껄껄거렸다. 새로 빤 긴 바지와 모처럼 신은 깨끗한 아디다스에도 진흙이 잔뜩 묻어 형편없는 꼴이 되고 말았다.

으슥한 길을 거의 빠져나왔나 싶을 즈음 훌리안이 내가 탄 말의 엉덩이를 다시 때렸다. 찰싹! 깜짝 놀란 말은 몇 번을 뚜벅거리며 걷더니 갑자기 힘찬 걸음이 되어 놀랄 만큼 순식간에 가속도가 붙었다.

필사적으로 비명을 질렀지만 이상하게도 속으로만 터져 나왔다. 나뭇가지가 길게 드리워진 지하터널 같은 컴컴한 길을 순식간에 빠져나와 좁고 가파른 언덕길을 단숨에 달려 올라갔다. 또각거리던 잦은 발걸음이 뚜거덕뚜거덕 규칙적인 리듬과 함께 점점 사이가 떴다. 말의 발굽이 공중에 있는 시간이 갈수록 길어지며 흡사 하늘을 날고 있는 기분이었다.

슬로우 모션처럼 느리게 느껴졌지만 실제로는 아주 짧은 순간이었을 것이다. 거침없이 치고 올라가는 말의 속도에 압도된 나는 겁에 질려 숨도 제대로 쉴 수 없었다. 주변의 모든 것들이 순식간에 스치고 사라졌다. 있는 힘을 다해 재갈을 잡고 몸을 숙인 채 말 등에서 떨어지지 않으려고 안간힘을 썼다. 말의 리듬과 내 몸의 리듬을 맞

추는 것에 간신히 성공했지만 허벅지와 궁둥이가 아파 죽을 지경이었다.

단숨에 푸른 언덕길을 오르자 이번에는 까마득히 드넓은 초원이 펼쳐졌다. 연초록색 풀들이 융단처럼 빈틈없이 깔려있는 잔디밭을 마음껏 질주했다. 말은 흡족해하는 것 같았다.

말의 속도가 약간 줄어들면서야 정신을 차릴 수 있었다. 그제야 정면을 바라보았다. 초록 비단처럼 윤기 나는 넓은 풀밭. 눈부신 햇살이 나뭇잎을 스치며 진주알처럼 낱낱이 부서져 떨어졌다. 땀으로 젖은 이마와 머리칼에 와 닿는 산바람이 시원스러웠다. 머나먼 풍경이 뒤늦게 눈에 들어왔다.

엄청나게 거대한 푸른빛 산맥들이 거기 있었다. 저것이 바로 안데스, 그 중에서도 막달레나(Macdalena) 협곡이었다.

두 번째 돌 조각은 아주 거대한 석상 하나였다. 푸른 잔디밭 구석에 아무렇게나 박혀있는 회색 바위. 다시 말에 올랐다. 뜨거운 햇볕에 목이 탄 나는 가방을 열어 미지근해진 소다캔을 따서 농부와 한 모금씩 나누어 마셨다.

한 시간 반 동안 이미 꽤 높은 곳으로 올라온 듯, 지금까지 올라온 곳이 까마득하게 내려다보였다. 말도 나도 지쳐 있었지만 터벅터벅 걷는 내내 주변 경치에서 눈을 뗄 수가 없었다. 생각할 수 있는 모든 초록이 다 존재했다. 노란빛이 듬뿍 섞인 아주 여리고 약한 연두에서 완전한 초록, 에메랄드 그린에서 검은색에 가까운 암녹색까지. 눈에 보이는 모든 것이 푸르게 반짝거렸다. 산바람이 한차례 불어올 때마다 미묘한 초록빛은 조금씩 명도를 바꾸며 빛났다. 거대한 산 전체에 초록빛의 파도가 일었다.

드디어 세 번째 장소에 닿았다. 파란색과 붉은색, 노란색이 희미하게 남아있는 돌로 만든 커다란 원시적인 석상 세 개가 나란히 누워있었다. 농부가 설명을 시작했다.

"지금 이 석상은 복장과 머리장식으로 보아 여자인데 가슴에 안고 있는 조그만 것은 갓난아기로……"

고고학에는 예나 지금이나 관심이 없었다.

"솔직히 말하자면,"

나는 손을 들어 정자 반대쪽으로 멀리 보이는 막달레나 협곡을 가리켰다. 세상의 푸른색이란 푸른색은 모조리 모아서 한 올 한 올 남김없이 짜 놓은 거대한 신의 피조물. 맑고 투명한 햇볕아래 희끄무레한 빛을 뿜으며 빛나고 있는 푸른 산들을.

"난 돌조각들보다는 저게 더 좋아요."

내 말에 농부는 빙긋 웃었다.

"사실, 나도 그래요."

석상 투어는 그것으로 끝이었다. 나는 정자 앞 비탈진 널찍한 풀밭 한가운데에 벌렁 드러누웠다. 명암이 박탈된 공간처럼 온통 눈이 부셔서 졸린 사람처럼 눈을 반쯤 감고 있어야 했다. 헐렁한 바짓단과 운동화에 묻은 진흙은 이미 말라붙어 메마른 회색으로 변해 있었다.

근사한 오후였다. 팔베개를 한 채 푸른 풀을 한 줌 뜯어 입에 물고 우물거렸다. 참다못한 농부가 이만 마을로 돌아가자고 재촉할 때까지, 나는 태양 아래 풀밭 위에 누워 소처럼 풀을 씹고 있었다. 발아래로 가득 펼쳐진 초록빛 막달레나를 바라보면서.

맑디맑은 햇볕이 속눈썹의 좁은 틈새를 파고들었고 안데스는 천국처럼 안락했다. 난생 처음 보는 놀랄 만한 푸르름은 어쩔 수 없이 내가 떠난 출발지의 회색빛을 다시 떠올리게 했다.

_Travel Note

이 이상한 곳은 어디일까.
게릴라와 지독한 가난 따위는 없었다.
초록색과 햇빛, 바람만 있었다.
그리고 처음 만나는 평화

이상한 마을
Colombia

　보고타(Bogota)의 길거리를 오가는 예술적인 용모의 미남자들에 마침내 싫증이 난 나는 콜롬비아에서 가장 아름다운 작은 마을로 알려진 비야 데 레이바(Villa de Leyva)에 가기로 했다.

　버스를 타고 도시를 벗어나자 곧 탁 트인 전원풍경이 펼쳐졌다. 콜롬비아에 대해 미처 예상하지 못한 것은 감당하기 힘들 만큼 넘쳐나는 푸른빛이다. 노랑에 가까운 미묘한 연두색에서 짙은 청록색에 이르기까지, 조금씩 명도와 채도를 달리하는 논과 밭들이 마치 푸른 조각보를 모아 만든 푹신한 이불처럼 드넓은 대지를 빈틈없이 뒤덮고 있었다.

　부드러운 곡선을 그린 나지막한 초록색 구릉에 평온하게 풀을 뜯는 소들이 간간이 보였다. 태어나서 하는 일이라고는 우적우적 풀을 뜯어먹는 일과 무럭무럭 살찌는 일, 그리고 마침내 생을 마치는 일밖에 없을 듯한 커다랗고 온순한 동물들.

구릉 위의 하늘은 이상할 정도로 새파랬다. 여기가 콜롬비아라는 것을 알고 있지 않았더라면 나는 아마 백 번의 기회가 주어진다고 해도 지금 이곳이 어디인지 도저히 맞추지 못했을 것이다.

라디오에서 빅토르 마누엘로의 살사가 흘러나왔다. 내가 그 노래를 흥얼거리자 내 옆자리의 아가씨도 조그맣게 따라 부르기 시작했다. 이상한 느낌이야. 푸른 물이 뚝뚝 떨어질 것 같은 파랑 하늘아래 스페인 어로 살사를 부르며 이렇게 황량한 평야 한가운데로 난 오솔길을 질주한다는 것은.

비야 데 레이바의 조그만 터미널에 도착, 버스에서 내렸다. 모든 사람들이 한 방향으로 향하고 있었다. 나도 그들을 따라갔다. 어차피 길은 그것 하나뿐이었다.

마을의 맨 끝자락에 있었던 터미널에서 마을 중심까지 가는 길이다. 온통 하얀 색의 집들이 끝없이 이어져 있었다. 짙은 밤색 나무 발코니와 나무 창문, 나무 대문이 달린 새하얀 벽의 나지막한 집들은 모두 소박한 시골풍으로 현대화의 흔적은 거의 찾아볼 수 없었다. 바비큐를 하는지 커다란 나무 대문 틈으로 고기를 굽는 하얀 연기가 매캐하게 피어올랐다. 수제 스웨터와 모자, 판초 등을 잔뜩 걸어놓은 조그만 상점들이 보였다.

100여 미터 정도 걸었을까. 터미널에서부터 이어져 온 하얀 길이 이윽고 끝났다. 그 순간 내가 받은 기묘한 느낌을 어떻게 설명해야 할지 지금도 잘 모르겠다.

눈앞에 놓인 것은 비야 데 레이바의 중심이 되는 광장이었다. 놀라운 것은 바로 광장의 넓이였는데, 이 조그만 마을에 하나뿐인 광장은 그야말로 황당하리만큼 넓었다. 균형이 완전히 깨어진 비율의 공간을 대하고 나는 잠시 다른 생각을 완전히 잊었다.

울퉁불퉁한 포석이 깔린 광장은 그야말로 텅 비어 있었다. 다른 도시들의 광장이 흔히 그러하듯 나무나 풀, 꽃 등으로 공원처럼 꾸며져 있기는커녕 그 흔한 동상하나 보이지 않았다. 심지어 주민들이 앉아서 쉴 만한 작은 벤치조차 전혀 없었다. 외계인들의 우주선 발착장소로 쓰일 듯 초자연적인 분위기마저 감돌았다.

분위기를 기괴하게 만든 또 한 가지는 이 너른 광장 건너편 새하얀 건물들 너머로 보이는 암녹색의 거대한 민둥산이었다. 울창한 나무 대신 푸르스름한 덤불과 풀숲에 덮여있는 둥그스름한 산이다. 털을 막 깎아낸 양처럼 보잘 것 없는 모습으로 하나의 초대형 봉분처럼 보였다. 그 산 위에는 아까 차를 달려오는 내내 보았던 새파란 하늘이 있었다.

짙은 파랑을 듬뿍 묻힌 붓으로 수도 없이 덧칠한 듯 거의 불투명에 가까운 파란 하늘이다. 보랏빛마저 감돌았다. 그 한가운데에 황금색 태양이 박혀 눈부시게 빛나고 있었다. 덕분에 온 천지의 명암이 극명했다. 마을의 하얀 벽은 햇볕을 받아 설탕처럼 순백색이었고 건물마다 드리워진 짤막한 그림자는 먹물처럼 새까맸다.

그 극명한 풍경 한가운데 서는 것은 육체적인 고통만 없을 뿐 짤막한 칼에 일순 급소를 찔리는 것처럼 머릿속이 하얗게 비는 경험이

었다. 시간과 공간의 개념이 어긋나며 어디론가 끝없는 나락으로 떨어지듯 아찔함이 들었다.

이 예쁜 마을은 100년 전쯤 어딘가에서 완전히 얼어붙어버린 것 같았다. 용케 시간의 흐름에 휩쓸리지 않고 남은 한 조각 공간처럼. 거리를 걷는 사람들의 모습도 거리풍경처럼 과거의 향수를 고스란히 간직하고 있었다. 간단하게 짜 맞춘 나무수레를 커다란 말이 끌고 다니고 판초를 두른 농부들이 말을 타고 뚜벅거리며 지나다녔다. 남자들은 주로 체크무늬 남방을 많이 입었고 다리에 각반을 차거나 카우보이모자를 썼다. 여자들은 헐렁한 스웨터에 긴 치마를 입고 있었다.

19세기 후반을 배경으로 하는 영화의 세트장에 뛰어든 듯한 느낌을 주는 것은 완벽하게 보존된 건물보다도 오히려 거리를 지나다니는 동네 사람들의 표정 때문이었다. 외국인이 드문 시골임에도 불구하고 그들은 이방인인 나를 힐끔거리지 않았다. 마치 내가 눈에 보이지 않기라도 하는 것처럼.

해가 지니 청회색 어둠이 광장을 뒤덮었다. 조그만 카페를 하나 발견, 들어갔다. 둥그스름한 나무 테이블 세 개가 놓인, 어슴푸레한 조명이 아늑한 곳으로 손님은 나 혼자뿐이었다. 볼이 빨갛고 통통한 아가씨 한 명이 바 뒤의 좁은 공간에서 설거지부터 더운 우유 끓이기, 케이크 굽기까지 도맡아 하고 있었다.

차와 케이크는 맛이 훌륭했다. 아가씨는 희미한 램프 불빛에 의지해서 책을 읽기 시작했고 가게에 손님이라고는 여전히 나 하나였다.

반쯤 열린 문으로 내다보이는 광장은 검푸른 색으로 가라앉았다. 드문드문 노란 가로등이 조그만 달처럼 떠올라 있었다. 차 끓이는 도구에서부터 아가씨의 소박한 옷차림, 그리고 바깥 풍경까지, 눈에 보이는 모든 것이 현대와는 거리가 멀었다.

"지금이 몇 년도지?"

이렇게 묻는다면 의아한 표정으로 고개를 든 아가씨의 빨간 입술에서 깜짝 놀랄 만한 대답이 나올 것도 같았다. 시간이 소용돌이치며 급한 물살처럼 콸콸 흘러가는 바깥세상과는 이미 오래 전에 결별한 듯 고독한 분위기의 별세계였다.

마법에 걸려 몇백 년 전 시간 속에 그대로 갇힌 사람들. 우연히 찾아온 이방인의 무심한 질문 한 마디에 해묵은 저주가 풀리는 순간, 이상한 마을의 하얀 집들은 순식간에 허물어지고 사람들은 연기처럼 흔적도 없이 사라질 것 같았다. 작은 돌덩어리 몇 개와 메마른 땅을 스치는 차가운 바람, 그리고 그 위에 서 있는 나의 육체만 남긴 채. 뜨겁고 진한 초콜릿 차의 단맛이 혀끝에서 채 사라지기도 전에.

내 지도의 열 두 방향

Journey 04
인간이 지배할 수 없는 대륙

Afr

나의 아름다운 말라위 호 횡단기
Malawi

오래 전 나는 물고기를 기르는 취미가 있는 남자를 한 명 알고 지낸 적이 있었다. 집도, 운전면허도, 친구도, 가족도 없는 사람이었는데 열대어만은 몹시 사랑하여 돈 아까운 줄 몰랐다. 조그만 집에 혼자 살면서 물풀과 알록달록한 물고기들로 가득 찬 유리 어항을 네 개나 갖고 있었다.

그 중에서 가장 큰 어항은 그가 매일 밤 잠을 자는 구두상자처럼 좁은 방의 너비와 거의 맞먹는, 다시 말해서 그의 키를 약간 넘을까 말까 하는 크기였다. 어떻게 그렇게 큰 어항을 방에 집어넣을 수 있었는지 신기할 정도였다. 나머지 어항들은 첫 번째 어항만큼 거대하지는 않았지만 좁아터진 집에 비해서는 여전히 컸다. 각각의 어항 속은 나름대로 완벽한 소우주였고 그 속에 사는 물고기들과 그들의 주인만이 알고 있는 질서에 의해 숨을 쉬고 움직였다.

그는 화단을 가꾸는 것이 유일한 낙인 노인처럼 아주 정성껏 어항들을 돌봤다. 조그만 집안 구석구석을 팽이처럼 힘찬 관성으로 돌아다니며 매일처럼 물고기 밥을 주고, 물을 갈고, 이끼로 검푸르게 흐려지는 유리를 닦아내느라 아침부터 밤늦게까지 일이 많았다.

열대어를 왜 좋아하냐고 묻자 남자는 한동안 생각한 끝에 이렇게 대답했다.

"조용하고, 우아하고, 헤엄치는 것을 보고 있노라면 어쩐지 마음이 편안해지니까."

그도 꼭 그랬다. 성품이 조용하고, 팔다리의 몸놀림이 우아하고, 행동하는 것을 보고 있노라면 내 마음이 편해지는 그런 사람이었다.

어느 해 그는 생일을 맞은 나를 위해 조그만 어항을 하나 선사했다.

"그러지 마. 물고기들은 그러는 걸 제일 싫어해."

내가 어항 유리를 톡톡 손가락으로 두들기자 그는 이렇게 말했고 그래도 내가 동작을 멈추지 않자 결국 약간 화까지 냈다. 그의 성난 얼굴을 본 것은 그 전이나 그 후로나 다시 없었다.

시간이 흘러흘러 네 개의 어항을 가진 남자가 사라져 버린 후에

도 열대어를 기르는 나의 취미는 그대로 남았다. 아프리카를 여행하던 도중 말라위(Malawi)에 들릴 생각을 하게 된 것도 바로 물고기 때문이었다. 말라위 국토의 2할을 차지하는 거대한 호수 속에는 살아 있는 보석들이 가득 차 있었다. 우아하게 헤엄치는 화려한 색깔의

열대어들.

    담수 열대어에, 특히 '시클리드(Cichlid)'라고 불리는 콧구멍이 두 개-보통은 네 개이다-뿐인 물고기에 관심이 있는 사람이라면 말라위라는 아프리카 동부의 소국은 몰라도 말라위 호수(Lake Malawi)라는 지명을 들어보지 못한 사람은 아마 없겠지. 브라질의 아마존과 더불어 아쿠아리스트들에게는 성지(聖地)로 꼽히는 곳이 바로 이곳 말라위 호수와 이웃나라 탄자니아의 탕가니카 호수다. 현란한 색채로 유명한 아프리칸 시클리드의 보고이자 현재까지도 계속 신종이 발견되고 있는 찬란한 음부나(Mbuna) 진화의 유적지이기도 하다.

    나는 길에서 만난 스웨덴 태생 우편배달부 울라와 함께 말라위에 도착했다. 늦은 밤이었지만 다행히 목적지인 케이프 맥클리어까지 가는 작은 트럭이 있어 지체 없이 올라탔다. 용달차보다 약간 더 큰 정도의 트럭이었는데 화물칸에 실린 각종 곡물과 짐들 뒤로 무려 삼십여 명에 육박하는 승객을 태웠다.

    나와 울라는 다른 사람들과 함께 트럭 뒤에 대롱대롱 매달렸다. 아프리카의 환한 달빛을 받으며 트럭 짐칸에 실려 가는 것은 제법 운치가 있었지만 간혹 눈앞에서 커다란 나뭇가지가 휙 나타나니 방심하다가는 자칫 아프리카 대지에 굴러 어디가 부러지기 십상이다.

    자정이 넘어 도착한 케이프 맥클리어는 전기가 들어오지 않는 동네라 물소리만 들릴 뿐 어둡고 적막했다. 숙소 앞에 있는 술집들은 악어가죽을 벗겨 만든 거대한 흔들침대를 걸어놓고 어슴푸레 촛

불을 밝혀 분위기가 좋았다.

도시에서 나고 자란 나는 시끄러운 소음이 아니라 진공 상태와도 같은 고요함 때문에 잠을 이룰 수가 없었다.

새벽녘 호숫가로 산책을 나가 보았다. 아직 해가 뜨기 전으로 매우 조용했다. 멀리 보이는 마을에서는 아낙들이 아침 식사를 위해서 물을 긷고 그릇을 닦고 있었고 어부들은 녹이 슨 등잔불을 매단 낡은 배에서 밤새 낚은 물고기들을 하역하는 중이었다. 동쪽으로부터 뿜어진 눈부신 햇살이 호수를 비추기 시작하자 말라위 호의 새파란 물은 흡사 거울처럼 태양의 금빛을 반사시켰다. 군청색으로 빛나는 호수는 낡은 배에 칠한 빨간색 페인트와 강렬한 대비를 보여주었다.

어부들이 밤새 잡은 것은 대부분 작은 물고기들이지만 가끔 사람 다리통만큼 거대한 메기도 있었다. 작은 물고기는 그물을 이용해서 잡는데 어부들은 그물에 끼인 물고기를 하나하나 떼어내어 깡통에 담고 있었다. 한국에서 인기 높은 열대어인 음부나도 이곳에서는 한갓 맛없는 생선에 불과했다. 어부아저씨의 말에 따르면 일부러 식용으로 잡는 것은 아니고 그물에 걸리면 그냥 먹는 정도의 물고기라고 했다.

그 비싼 열대어의 시체를 깡통에 주워 담고 있다니. 다른 나라에서라면 어항에서 유유히 헤엄치고 있을 고급 관상어지만 원산지인 이곳에서는 죽은 후 햇볕에 바짝 말려야만 그나마 가치가 생기는 것이다. 동시대에서도 공간을 관통하며 만물의 의미는 변화하고 어떤 것은 사라지며 다른 것은 생겨난다. 이곳은 동아프리카의 말라위였다.

울라와 내가 저녁 식사를 위해 찾아간 장작구이 피자가게는 세계 각국의 여행객들로 북적거렸다. 자리가 없어 폴란드 남자 두 명과 합석했다. 식당 웨이터로 일한다는 사람들이었는데 그동안 느꼈던 국적별 손님들에 대해 비평을 늘어놓았다.

"프랑스 인들은 손님으로서는 최악이야. 뭐든지 까다롭기 이루 말할 수 없는데다가 불평도 많고 팁도 잘 안주는 형편없는 족속이라구."

"미국인은 촌스럽고 어벙하긴 해도 비교적 괜찮은 사람들이지. 서비스가 엉망이라도 항상 10% 팁은 기본으로 놓아두고 가거든."

"한국인에 대해서는 잘 몰라. 하지만 한국 기업들이 폴란드 경제에 큰 비중을 차지하고 있다는 것은 알고 있지. 폴란드 기업을 많이 인수했거든. 그 후 어떻게 되었는지 알 수 없지만."

그날은 마침 내 생일이었다. 달빛이 반사되는 조용한 말라위 호숫가에 앉아서 울라가 가져온 위스키로 조촐한 축배를 들었다. 검은 하늘에도, 비슷한 색깔의 호수에도, 내가 손에 든 술잔 속에도 노란 달이 하나씩 떠 있었다.

"짐을 잘 싸는 가장 좋은 방법. 일단 짐을 모두 싼 후 그 중에서 옷의 절반을 덜어내는 거야. 그러면 끝이지."

여행베테랑답게 울라는 짐을 가볍게 꾸리는 편이지만 위스키 한 병은 언제나 넣어가지고 다닌다고 했다. 술기운 탓인지, 적막한 말라위 호수의 분위기 탓인지 그는 신세한탄을 늘어놓았다. 예전 여자 친구를 아직도 잊지 못하고 있는데 그녀는 그에게 냉담한데다가 얼마 전에 새로운 남자가 생겼다고 했다.

"오늘 생일을 맞은 사람들을 위하여!"

울라는 흥을 내보려는 듯 검푸른 호숫가를 바라보며 이렇게 말했다. 단숨에 술잔을 비운 그를 위해 나는 술을 한 잔 더 따라주었다.

그것이 실수였다. 달빛과 호수, 알코올과 추억이 합쳐지니 결과는 오직 한 가지였다. 스웨덴 인은 울기 시작했고 선수를 빼앗긴 나는 호수만 바라보고 있을 수밖에.

술잔을 깨끗이 비웠으니 노란 달은 이제 두 개가 되었다.

하늘에 하나.

호수에 하나.

호수로 스노클링을 가기로 했다. 아이들과 함께.

'아동 노동력을 착취하지 말라.' 제1세계에서 부르짖는 신념에 찬 구호들은 입만 있을 뿐 힘센 팔과 다리가 없어 아프리카라는 높은 벽을 넘기에는 역부족이다. 먹고 살기 바쁜 동네이니 사악한 누군가가 억지로 시키지 않아도 아이들은 일찌감치, 그리고 기꺼이 제 발로 생활전선에 뛰어든다. 동네를 구경하고 있으려니 소년들 몇 명이 접근, 근처에 있는 섬으로 스노클링을 하러 가지 않겠느냐고 끈질기게 제의했다.

아이들이 부지런히 노를 저어 한 시간 정도 걸려 도착한 무인도에서 나는 비로소 살아있는 뭄부나들을 볼 수 있었다. 돌섬 주위 바위로 메워져 있는 맑은 호숫가 주위에 원색의 뭄부나들이 이리저리 헤엄치고 있었다.

　남미의 아마존 강이 산성의 갈색 빛깔을 가지고 있는 것과 반대로 아프리카의 말라위 호는 알칼리성의 맑고 투명한 물로 가득 차 있다. 거대한 수족관 안에 들어온 듯 노랑, 파랑, 빨강에서 투박한 회색, 그리고 얼룩말 무늬까지 일반적인 담수에서는 상상하기 힘든 색채의 전시장이 펼쳐졌다. 자연 상태의 음부나는 모차르트의 음악처럼 경쾌하고 메두사의 머리만큼 진귀해 보였다. 몇몇 종은 내가 분간할 수 있는 종류였지만 대부분 생전 처음 보는 종류였다.

　소년들은 나뭇가지를 모아 불을 피우고 우리를 위해 점심으로 메기를 구웠다. 메기구이는 민물고기 특유의 냄새가 없어 꽤 훌륭한 바비큐 감이었다. 내장을 발라 바위에 던지니 바위틈에서 눈치를 보고 있던 작은 도마뱀들이 재빨리 튀어나와서 맛있게 고기를 먹어치웠다. 아름답고 커다란 피쉬이글이 나무에 앉아있는 것을 보고 생선 토막을 하늘높이 던지자 곧장 하강하여 멋지게 낚아챘다.

　울라와 헤어져 일주일에 한 번 꼴로 있는 페리를 타고 카타베이로 향했다. 말라위 국토의 오른쪽에 길게 위치한 말라위 호수는 도로상태가 열악한 이 나라의 남북을 연결시키는 수로로 이용된다.

　케이프 맥클리어에서 카타베이까지는 이틀이 소요되는 여정이었다. 페리의 화장실에는 더운물도 나오고 전기도 들어오니 육지보다 오히려 호화스럽다. 이곳 현지인들은 가장 값싼 3등칸에 몰려있고 갑판을 차지한 것은 모두 외국인 여행자들이다. 사방 어디를 둘러보아도 육지가 보이지 않는 잔잔한 수평선이 끝없이 펼쳐졌다.

태양 아래 누워 사람들이 읽는 책들은 술술 익히는 가벼운 소설류가 일반적이었지만 나는 골치 아픈 말을 잘하기로 유명한 어느 기호학자가 쓴 문명 에세이와 반세기도 더 전에 프랑스에서 저술된 미학서적 한 권을 가지고 있었다. 한 페이지만 읽어도 머리가 지끈지끈 아파지는 내용이지만 짐을 최소화해야하는 장기 여행이라면 존 그리샴이나 메리 히긴스 클라크의 대중소설보다 이런 책들이 훨씬 실질적이다. 얇아도 아주 오랫동안 읽을 수 있으니까. 그런 점에서, 회계입문이나 법률서적도 훌륭한 대안이 될 수 있겠다.

나른한 오후, 시간의 간격을 차례로 함몰시키며 시간을 보내던 중 어떤 남자가 말을 걸어왔다. 예전에 대구에서 고등학교 영어 교사로 일한 적이 있다는 뉴질랜드 인이다. 한국어를 몇 마디 하기도 하고 연필로 한글을 써보기도 하면서 이야기를 했다. 한국인들은 정이 많고 친절해서 체류 기간 동안 즐겁게 생활할 수 있었다고, 그리고 무엇보다도, 한국 여자가 아주 예쁘다고 했다.

"그런데 왜 영어 선생님을 그만 뒀지?"

"학생들이 내 수업 시간에 다들 쿨쿨 잤거든. 나는 아이들을 한 명 한 명 인격적으로 존중해 줬고 다른 한국인 교사처럼 때리거나 하지도 않았어. 그런데 내 면전에서 그렇게까지 노골적으로 자다니, 별로 좋은 경험이 아니더라고. 교사를 하고 싶은 생각 자체가 사라져 버렸어. 앞으로 뭘 하면 좋을지 생각해 보려고 이렇게 여행 중이야."

일몰이 시작되었다. 수평선 끝에서 가냘프게 붉은빛이 피어나더니 푸른 물 위에 번지면서 점차 색이 짙어지기 시작했다. 어느 틈에 새빨개진, 주화처럼 둥글고 커다란 태양이 호수를 붉게 물들이고 물 위에 뜬 배와 그 위의 승객들마저도 불그스름하게 바꾸어 버렸다. 모두들 잠자코 붉은빛에 젖어 있었다. 그러나 황홀한 세례는 단 몇 초뿐이다. 곧 묵직한 청회색 물결이 밀려와 색깔이란 색깔을 모조리 지워버렸다.

어둠이 깔리면서 몇몇은 바에 모여앉아 맥주를 마셨고 나머지 사람들은 나무로 대충 만든 벤치에 앉아 카드놀이에 열중했다. 식당으로 가서 밥과 삶은 야채를 사왔는데 모래가 반이라 '우지끈' 주변 사람들이 밥을 먹는 소리가 선명하게 들렸다.

밤이 되자 다들 침낭을 펴고 누웠다. 바람이 세차게 불어 추웠다. 웅크린 채 한참 곤하게 자고 있는데 '뿌아앙~!' 하고 귀청이 떨어질 정도로 엄청난 소리가 울렸다. 소스라치게 놀라 벌떡 일어나 보니 하필 자리를 잡은 곳이 뱃고동 바로 옆이다. 뱃고동 신호를 들었는지 멀리 떨어진 육지에서 승객들이 작은 배를 저어 페리로 접근했다.

사람들이 타고 페리가 출발하자 주변은 다시 조용해졌다. 침낭 속에 누운 나는 벨벳처럼 부드러운 검은색 하늘을 향해 똑바로 가슴을 폈다.

지상의 시간이 끝나고 천상의 시간이 열렸다. 보이지 않던 것들이 보이기 시작했다. 하늘 속에 잠들어 있던 밤의 생물들이 마침내 눈을 뜬 것처럼, 여기저기 큼직한 별들이 맑게 빛났다.

내가 누워 있는 거대한 호수, 차갑고 푸른 물속에 가라앉아 곤하게 잠이 든 생명들에 대해 생각해 보았다. 하늘의 별빛이 닿지 않고 페리가 뿜어내는 뱃고동 소리가 들리지 않는 안주머니 속처럼 깊숙하고 고요한 세상, 지금 바로 내 몸 아래 놓여 있다.

어둡고 부드러운 호수 바닥에 조용히 웅크린 채 눈을 뜨고 잠이 든 조그만 영혼들을 상상해 보았다. 투명하고 연약한 지느러미를 접은 채 호수 위 누구도 상상하지 못할 꿈을 꾸고 있는 한 마리 아름다운 믐부나가 된 꿈을 꾸었다.

짐바브웨 결혼식 참례기
Zimbabwe

어린 시절 나는 몸이 약해 바깥에서 놀면 감기에 걸리거나, 누군가에게 얻어맞거나, 아니면 혼자 넘어져서 어딘가를 다치고 들어오기 일쑤였다. 그 시절 내 인생의 가장 커다란 부분이자 가장 좋은 부분을 차지한 것은 언제 어디서나 하기 쉬운 상상이었다.

소중한 꿀이 저장된 꿀벌의 집처럼, 머릿속에는 각종 기억을 저장하고 있는 수많은 방이 있고 그 중에서 좁고 긴 복도 가장 멀리 떨어진 작고 조용한 방, 어슴푸레 불을 밝힌 부드럽고 촉촉한 그 공간에는 코에서 콧물을 흘리거나 무릎에서 피 흘리던 어린 내가 아직 있어 먼 옛날 하던 짓들을 여전히 되풀이하고 있는 것 같다.

그 무렵 나는 영국작가 휴 로프팅의 〈돌리틀 선생 이야기〉를 매우 좋아해서 어떤 구절은 줄줄 외울 수 있을 만큼 되풀이해서 읽었다. 모든 종류의 동물과 대화가 가능한 박물학자의 모험담은 언제나 흥미로웠지만 무엇보다도 매혹적인 것은 이야기에 등장하는 독특한 여행법이었다. 눈을 가린 후 뾰족한 연필을 들고 빙빙 돌리다가 세계지도에서 한 군데를 찍어 그곳으로 향하는 것.

나도 그 흉내를 내본 적이 있었다. 계속 망망대해만 나오다가 마침내 제대로 성공한 것이 이름도 생소한 짐바브웨(Zimbabwe). 실제로 내가 그 머나먼 땅에 닿게 된 것은 들뜬 마음으로 연필을 들었던 유년 시절로부터 20년도 더 지난 무렵의 일이다.

기차를 타고 짐바브웨의 수도 하라레에 도착했다. '트윈픽스'라는 여인숙에 투숙했는데 이름만 근사할 뿐 '창녀출입금지'라는 낡은 푯말이 붙어 있고 거대한 바퀴벌레들이 스멀거리며 기어 다니는 열악한 곳이다. 어둡고 눅눅한 부엌에는 부인들 몇 명이 모여앉아 식빵과 달걀로 아침 식사를 하고 있었다.

"같이 들어요, 아직 안 먹었으면."

인심이 후한 이 아주머니들은 농사기술 세미나에 참석하기 위해 각 시골에서 올라온 농부들이었다. 농업이 국가의 주요 산업인 짐바브웨는 과거 한국의 새마을 운동처럼 생산성 향상 운동이 성행하고 있었다. 마스빙고(짐바브웨 남부에 위치한 작은 도시)에 갈 계획이라는 내 말을 듣더니 '치자'라는 이름의 아줌마가 자기도 마침 그 방면이라며 다음날 아침 버스 터미널에서 만나 동행하기로 했다.

하라레 외곽에 있는 뭄바레 버스 터미널. 한쪽에서는 주먹싸움이 벌어지고 시장과 버스가 한데 뒤섞여 온통 난장판이다. 미세스

치자는 약속시간이 훨씬 지나서야 태연한 얼굴로 모습을 나타냈다. 승객들은 마치 닭 기르기가 유행인 것처럼 닭을 한 마리씩 옆구리에 끼고 버스에 올랐다.

아줌마의 권유로 마스빙고 근처에 있는 그녀의 집에서 묵기로 했다. 버스에서 내리자 마주치는 동네 사람들이 다들 친근한 얼굴로 말을 걸어왔다. 한국에 대한 그들의 인식은 주로 소수의 재벌 기업들에 의해 형성된 이미지들로 한국을 아주 잘사는 나라로 알고 있었지만 "공용어로 영어를 쓰느냐?", "한국은 부족이 몇 개나 되냐?", "아프리카 어디에 붙어 있느냐?"와 같은 질문을 서슴지 않고 던졌다.

작은 이야기가 얼기설기 엮여있는 듯 푸근한 마을이다. 치자 아줌마의 집은 아름다운 산으로 둘러싸인 아담하고 한적한 농장이었다. 2년 전 남편을 잃은 후 시부모님과 함께 일곱 남매를 데리고 살고 있었는데 그 중 둘째 아들 치자는 선생님으로 마침 내 또래라고 했다. 치자의 할머니와 할아버지는 신기한 듯 내 손을 잡고 킥킥 웃으면서 내가 코리아에서 왔다고 몇 번이나 말해도, "응, 빅토리아!" 하며 감탄스러워 하셨다.

꼬끼오, 닭 울음소리와 농부들의 노랫소리 덕분에 어두운 새벽녘에 잠이 깨었다. 전기가 들어오지 않는 이곳 생활은 태양의 주기에 따라 일상이 진행된다. 치자 아줌마는 벌써 일어나 닭에게 먹이를 주고 계셨다.

치자를 따라 고요한 밭으로 나가보았다. 우기에는 주식인 수수를 주로 기르지만 건기인 지금은 물 부족 때문에 몇 가지 야채만 기

르고 있었다. 폭이 꽤 넓어 보이는 강은 완전히 말라붙어 있었다.

소와 염소가 웅덩이에 고인 물을 마시고 여자아이들은 항아리로 물을 퍼 올렸다. 이 누런 흙탕물이 인간과 가축의 식수이자 온갖 생활용수와 농업용수로 사용되고 있었다. 식사하기 전 작은 그릇에 담은 물을 여러 명이 돌려가며 손을 씻었다. 결벽증 환자들을 이곳에 보내면 치유에 상당한 도움이 되지 않을까. 물이 없으니 손을 여러 번 씻는 사치는 하고 싶어도 할 수가 없다.

치자 할머니의 집이 가까이 있는 탓에 치자는 저녁을 두 번 먹는다(점심은 보통 굶는다). 어머니 집에서만 밥을 먹으면 할머니가 섭섭해 한다는 이유였다.

치자 할머니의 집에 가니 정갈한 저녁상이 차려져 있었다. 밖은 이미 캄캄했고 촛불 아래 놓인 음식은 형체가 희미했다. 치자는 싱긋 웃으며 음식을 권했다.

"내가 좋아하는 특별 요리니까 한번 먹어봐. 우리 할머니 특기야."

한 줌 집어서 자세히 살펴보니 땅콩버터를 반죽해서 볶은 붉은 개미다. 개미의 형체가 다리 한 올 한 올까지 원형을 유지하고 있었다. 생선 뼈다귀 튀김을 씹는 것처럼 고소하고 바삭바삭했다. 잘록한 몸통과 다리, 커다란 입이 정교하게 세공된 고급 스낵과도 같았다. 치자와 나는 개미핥기처럼 이 작은 영혼들을 깨끗이 먹어치웠다.

개미요리의 조리방법은 아주 간단하다.

1. 개미를 준비한다. 개미탑에서 가느다란 막대기를 이용해 1~1.5cm 크기의 흰개미나 붉은 개미를 잡는데 두 종류 모두 맛은 비슷하다.
2. 재료를 냄비에 넣고 뚜껑을 닫은 다음 가열한다.
3. 개미가 죽었으면 입맛대로 간을 한다. 간식용일 경우 소금만 뿌리고 반찬용일 경우는 땅콩버터를 같이 넣고 볶는다.

"너도 초대받았으니 함께 가자."
며칠 뒤 치자의 사촌 결혼식이 열릴 예정이라고 했다.
……20여 년 뒤 너는 짐바브웨의 결혼식에 참석할 것이다.
오래 전 현명한 누군가가 이렇게 예언했더라면 어린 나는 어떤 반응을 보였을까.

20년 후는 고사하고 내년 여름방학도 영원히 오지 않을 것처럼 까마득하게 느껴지던 시절이었다. 아버지가 세상에서 가장 힘이 세고 어머니보다 더 향기로운 사람은 아무도 없던, 성적표 받는 것과 예방주사 맞는 것이 무서워 눈물을 흘리고 싶던 그 시절…….

결혼식은 마스빙고에서 열린다고 했다. 경찰의 눈을 피하기 위해 새벽 두시 반에 야음을 타고 출발했다. 치자네 자가용은 폐차장에서 주워온 듯한 낡은 르노로 대낮에 허가도 없는 조그마한 차에 여섯 명이나 탈 수는 없는 일이다.

치자가 애지중지하는 이 헐어빠진 차는 고물 자동차의 극한값을 보여주는 모습으로 시동 키, 백미러나 계기판 같은 문명의 증거는 사라진지 오래였다. 자동차라기보다는 '엔진을 달아 놓은 깡통'이라 부르는 것이 더 적합하리라.

몇 차례 시동이 꺼지고 밀고 당기기를 여러 번 하면서 힘겹게 아스팔트 도로로 들어섰다. 지친 당나귀처럼 씩씩거리면서 가고 있는 우리 뒤로 거대한 화물트럭이 헤드라이트와 경적을 울리면서 지나쳤다. 항공기와도 같은 굉음에 낡아빠진 자동차의 차체가 불안하게 후들후들 흔들거렸다.

초승달이 붉게 물들고 날이 밝아오는데 도로 한복판에서 또 한 번 시동이 꺼졌다. 수십 차례 밀어보아도 시동이 걸리지 않아 고무호스를 연료 주입구에 밀어 넣어 확인해보니 호스 끝에 기름이 묻어나지 않는다. 연료가 바닥난 것이다. 어쩔 수 없이 1km 정도 떨어진 주변마을까지 차를 밀어다 놓고 마을버스를 탔다. 버스는 매우 붐볐지만 자가용을 미는 것보다는 한결 편했다.

마스빙고 시내에서 멀지 않은 위치에 있는 그레이트 짐바브웨를 찾아갔다. 비문자 문화권의 아프리카에서는 가장 오래된 유적으로, 짐바브웨라는 국호는 '돌로 만든 집'이라는 소나(Shona) 어에 어원을 두고 있다. 11세기 태동하기 시작한 것으로 추정되는 이 문명은 500년간 16대 왕까지 이어져오다가 16세기 포르투갈 인들이 발을 딛었을 때는 사라진 상태였다고 한다.

돌담으로 둘러싸인 공간과 우리의 첨성대를 연상시키는 돌탑들이 들어서 있는데, 이곳의 용도는 종교적인 성지라는 주장과 군사적

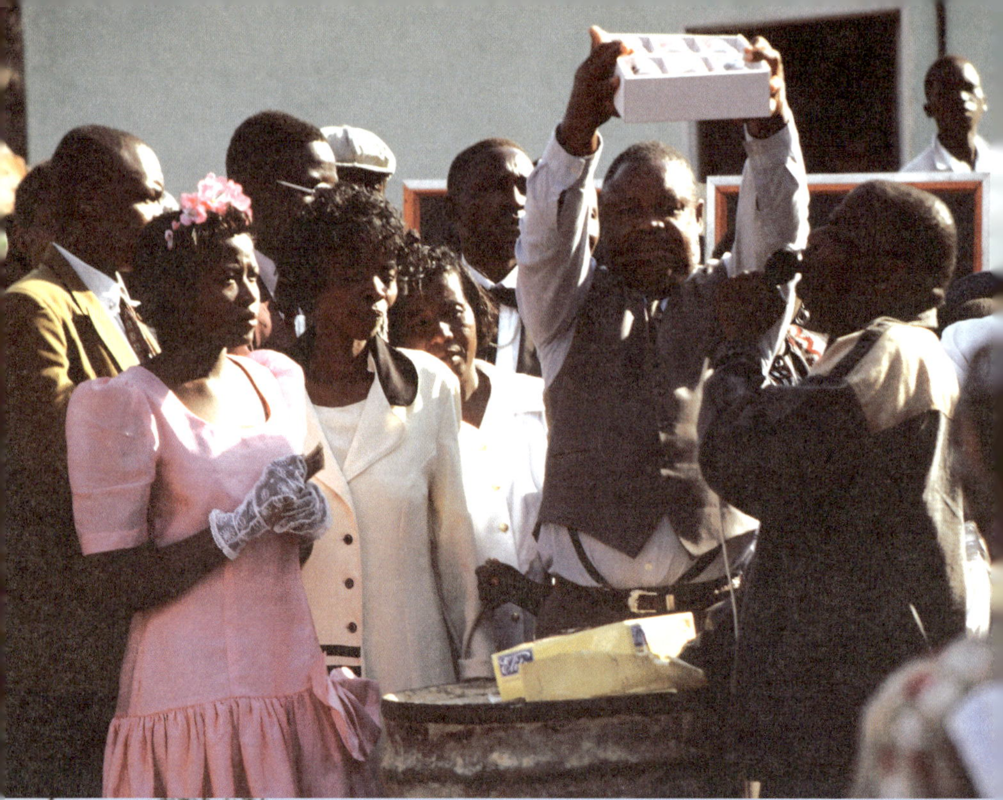
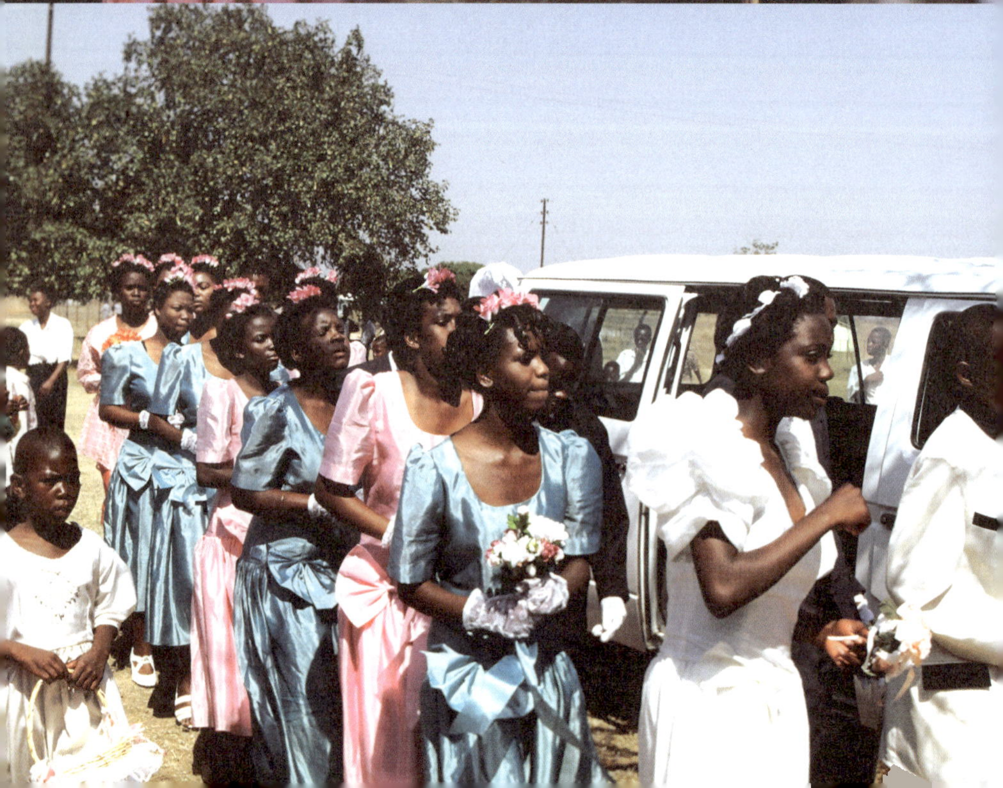

인 방어목적이라는 주장이 엇갈리고 있다. 중국에는 모잠비크 해안에서 이 문명과 접촉한 기록이 있지만 정작 짐바브웨 인들의 기록은 없기 때문에 돌담의 실체는 아직까지 수수께끼로 남아있다. 역사적 진위 여부는 알 길이 없지만 미적인 측면에서도 이 축조물은 아름답게 보인다.

해질녘의 그레이트 짐바브웨를 사진에 담기 위해 오후 늦게까지 기다렸다. 삼각대를 다 펴놓고 초조하게 기다리고 있는데 경비원 할아버지가 오더니 문을 닫을 시간이니 나가라고 한다. 조금만 시간을 달라고 사정을 해보았지만 막무가내다. 약간의 담뱃값을 쥐어주니 표정이 바뀐다.

"보아하니 유적을 망칠 사람 같지는 않구먼."

상냥하게 말한 노인은 바로 고물자전거를 끌고 찔그럭 소리를 내며 퇴근해 버렸다.

해질녘까지 기다린 끝에 거대한 돌무더기와 석양을 필름에 담았다. 붉은 저녁노을에 물든 오랜 석조유적이 아름다웠다.

드디어 결혼식의 날이 밝았다.

신부의 아버지는 마을의 제일가는 유지로, 잔치는 몰려든 하객들로 대성황이었다. 입구를 빨간색 꽃으로 장식하고 공터에는 손님들을 위해 천막과 의자를 설치했다. 아낙들이 둘러앉아 닭튀김, 고기경단과 같은 음식을 준비하느라 분주했다.

예식 자체의 모습은 서구적인 생활양식이 그대로 유입된 지라

우리의 결혼의식과 크게 다를 바가 없다. 신부의 아버지가 암소를 끌고 나오듯 신부를 데리고 나오면 신랑에게 소유권이 이전되고 신랑과 신부는 물질적 증표를 교환한다.

지루한 주례사는 짐바브웨에서도 예외가 아니다. 다만 이번 경우는 보통 결혼식과는 반대로 신부가 하마처럼 골격이 크고 우람한 데다 집안 배경이 화려해서 몸집이 작고 얌전하게 생긴 치자 사촌형이 하마 신부에게 팔려가는 것처럼 보였다.

식이 끝나자 피로연이 시작되었다. 아줌마 합창단의 노래에 예쁜 소녀 들러리들이 춤을 추며 입장하고 잠시 후에는 할머니부터 아이들까지 뒤섞여 흥겨운 춤을 추었다. 중간에 어떤 정신 나간 노파가 홀랑 벌거벗고 끼어들어 분위기가 이상해졌지만 잔칫집의 인심은 후했다. 미친 할머니를 위해서도 식사를 차려주고 춤추는 것을 방해하지 않았다. 인간의 다양한 존재방식을 포용할 만한 여유가 있다는 뜻이다.

사람들이 춤을 추는 동안 결혼 선물들을 쌓아놓고 하객들 앞에서 그 내역을 공개했다.

"어느 마을에서 온 아무개 씨 빨랫비누 한 상자!"

"추장 할아버지 양말 두 켤레!"

"모모네 식구들 부조금 300달러!"

나는 부조금으로 짐바브웨 화폐로 200달러를 냈다. 우리 돈으로 만 원가량. 현지에서는 염소 한 마리 값이다. 공개한 선물의 내용이 값진 것이거나 금액이 크면 하객들은 우렁차게 박수를 쳐주고 신부

의 어머니는 멋들어지게 "야야 야이야~"하고 아프리카식의 독특한 고성을 질렀다. 약간 방정맞게 들리기도 하는.

시골마을의 결혼식에 온 이방인이 신기한지 모두들 나에게 접근, 말을 걸었다. 한국의 남자 친구를 소개시켜 달라는 당돌한 꼬마 아가씨부터 자기 마누라가 마음에 안 들어 곧 이혼할 계획이라고 털어놓는 아저씨까지, 순진한 사람들은 대화의 주제에 거리낌이 없었다.

저녁이 되자 유명한 짐바브웨 인기 가수가 와서 열창하며 흥을 더했다. 세 가지 면에서 영화 '대부(Godfather)'의 결혼식 장면을 연상시켰다.

1. 아버지가 거물이다.
2. 신부가 일반적인 미인형에서 거리가 있다.
3. 결혼식 피로연에 인기 가수가 찾아온다.

축제의 밤. 온통 검은 사람들에 둘러싸인 채 나는 다시 한 번, 눈에 보이지는 않지만 결코 빠져나갈 수 없는 시공의 씨실과 날실로 짜인 그물 밖으로 멀리 멀리 탈출할 수 있었다. 일 초의 반의반도 안 되는 찰나의 어지러움을 사랑했다. 여기가 어딘지도 잊고, 내가 누군지도, 지금이 언제인지도 가늠할 수 없는, 완전히 길을 잃어버리는 것은 현실의 내가 결코 하지 않는 짓이다.

탈출은 어렵지만 복귀는 순간이었다. 주위를 둘러보니 다시 피로연장이다. 짐바브웨 마스빙고에서 열린 결혼식.

친절한 누군가가 내게도 먹을 것을 권해주었다. 수백 명의 하객이 몰려온 잔칫집 앞마당에서 매캐한 흙먼지 냄새와 함께 요란한 춤과 노래가 새벽녘까지 지칠 줄 모르고 계속되었다…….

혼자 여행하는 여자는
자유연애주의자
Ghana

"너 없는 사이에 김(Kim)을 찾는 전화가 몇 번이나 걸려왔었다."

두바이를 경유, 예정보다 며칠 늦게 집에 돌아오니 나보디 먼저 도착한 전화가 있었다.

"아직 아프리카에서 돌아오지 않았다고 말해도 킴, 킴, 하면서 애타게 찾던데. 그 남자가 누군지 알 수 있겠니?"

물론 그가 누군지 알고 있다. 이름은 임마누엘. 가나(Ghana)의 수도 아크라(Accra)에서 어느 문구용품 유통회사 직원으로 일하는 남자다. 나이는 서른 몇 살, 키는 190cm 정도. 아크라에서 두 시간쯤 떨어진 시골 카카오 농장주인 알폰사 씨의 둘째 부인이 낳은 큰아들이다.

우선, 내 이름은 김이 아니다. 그러나 한국인의 이름으로 그만큼 부르기 쉬운 성은 거의 없는 것 같다. 어감이 좋은 이(Lee)는 이미 중국계의 이름으로 널리 알려져 있고 장(Chang)이나 성(Sung)도 마찬가지다. 박(Park)의 가장 큰 문제점이라면 앞에 뭐라도 존칭을 붙이지 않고서는 도통 사람 이름처럼 들리지 않는다는 것.

그래서 임마누엘에게 내 이름은 '김'이라고 말해주었다. 악의가 아니라 단순한 편의성이 동기가 되었다는 것이 거짓말을 합리화할 근거가 될 수 있을까. 죄 없는 변명 뒤에 상대방을 향한 무조건적인 경계심, 혹은 인간관계에 대한 원초적인 게으름이나 무책임함이 숨어 있다면.

그날 아침 나는 가나에 도착한지 만 하루 된 참이었고, 그 전날 저녁을 건너 뛰어 배가 고파 죽을 지경이었다. 주머니에는 달러 말고는 현지 돈 조금뿐이었다. 눈에 띄는 현지인에게 다가가 붙임성 있게 인사를 건넨 것은 가까운 환전소의 위치를 묻기 위해서였지 친구를 만들 목적은 아니었다.

이곳은 서울에서 비행기를 두 번 갈아타고 30시간쯤 걸리는 가나의 수도 아크라였다. 영어가 잘 통한다는 사실 때문에, 그리고 서구적인 옷차림과 몰개성한 건축물들 때문에 가나의 제1도시는 미국 어디에나 있음직한 평범한 흑인촌처럼 보였다. 차이점이 있다면 분위기가 별로 위험스럽지 않다는 것 정도.

후미진 골목에도 얼마든지 사람들이 걸어 다녔고 밤이 되어도 그들은 사라지지 않았다. 주택가로 들어서면 낡은 의자를 거리에 꺼내놓고 라디오에서 흘러나오는 레게음악을 들으며 꾸벅거리는 시민들도 보였다. 이렇다면 '아프리카에서 가장 안전한 수도(capital)'라는 말을 들을 만하다.

"환전소라면 좀 멀어요. 여기서 조금만 기다리면 하던 일을 끝내고 내가 데려다 줄게요."

임마누엘에게 최초의 신뢰가 간 것은 신원이 확실해 보이는 직장-어느 잘 지은 건물 1층 사무실이었다-이 아니라 그의 생김새 때문이었다. 매끈하고 통통한 뺨과 벙글벙글 웃고 있는 커다란 입은 어린애 같았고 희끗거리기 시작한 머리와 선량한 눈빛은 현명한 노인 같았다.

그는 미국의 토크쇼 흑인 호스트처럼 더운 날씨에서도 불구하고 보랏빛 셔츠에 줄을 반듯하게 세운 검은 바지, 윤기 있게 닦아 신은 검은 가죽구두까지, 꽤 멋을 부린 차림새였다.

"또 가고 싶은 곳 없어요? 어디든 말만 해요."

임마누엘의 자동차는 중고로 구입했다는 미제 네온(Neon)이었다. 빨강 소형차에 거대한 덩치를 겨우 끼워 넣고도 뭐가 그리 즐거운지 연신 콧노래를 불러댔다. 환전소에 도착, 내가 환전을 끝내자 그는 다시 나를 차에 태웠다.

"가고 싶은 곳 있으면 말만 해요. 좀 멀어도 얼마든지 괜찮으니까."

너무나도 고마운 제의에 오히려 갑자기 마음이 좀 무거워지는 것은 진리인지 편견인지 판단하기 어려운 일련의 몇 가지 명제들 때문이다.

아프리카는 매우 위험한 대륙이다.

외국인 여자는 어딜 가든 조심해야 한다.
자칫하면 모조리 털리거나, 얻어터지거나, 기타 불쾌한 경험을 할 수가 있다
.
가고 싶은 곳이 없노라고 말하자 임마누엘은 그렇다면 주말을 이용하여 아크라 근교 시골에 있는 자기 가족 농장에 구경을 가는 것은 어떻겠느냐고 제안했다. 색다른 체험이 될 것이라고. 그는 무엇일까. 원래 선하거나, 호기심이 많거나, 혹은 길 잃은 외국인에게 무조건 친절한 사람?

아니면 호의의 대가로 물질적인 보상을 바라거나, 한 걸음 더 나아가 선진 한국에 지인을 만들어 꽤 진지한 비즈니스를 벌여보려는 실질적인 목적을 가지고 있을 수도 있다. 내가 제안에 응한다면 그것은 아프리카에서 나고 자란 임마누엘에게 어떤 의미일까.

혼자 여행하는 외국인 여자는 자유연애주의자다.

1박 2일 여행 제의를 흔쾌히 수락하는 외국인 여자는 더욱 더 자유연애주의자이다.

"한국에서는," 나는 우리 어머니의 목소리를 흉내 내어 엄숙하게 말했다. "정숙한 유부녀라면 보통 이런 제의에 응하지 않아. 그러니까 내 말은, 혹시 농장구경과 문화교류 말고 이런 제안에 암암리에 뭔가 다른, 그러니까 나처럼 투철한 정조관념을 가진 여자로서는 도저히 받아들이기 힘든 모종의 불건전한……"

이쯤까지 말했을 때 임마누엘이 펄쩍 뛰었기에 망정이지 자칫 추악한 편견의 실체가 모조리 드러날 뻔 했다.

농장은 아크라에서 두 시간가량 떨어진 곳에 있었다.

오랜 시간에 걸쳐 틈틈이 가족들의 손으로 직접 일궜다고 했다. 나는 임마누엘의 아버지와 어머니, 남동생, 사촌들, 그리고 여러 일꾼들과 그들의 아내들, 아이들을 만났다. 그들과 염소를 한 마리 삶아 나누어 먹고 농장을 돌아본 후 인근 마을을 구경했다. 모두 나에게 상냥했다.

농장에 머무는 내내 임마누엘과는 변변히 이야기를 할 수가 없었다. 다른 일꾼들과 하루 종일 흙투성이가 되어 농장에서 일하느라 식사 시간 이외에는 얼굴을 볼 수 없었기 때문이다.

"조심해서 돌아가요. 서울의 집에 무사히 잘 도착했는지, 국제전화를 걸어서 확인해 볼게요."

하나의 작은 믿음은 이보다 커다란 반대증거를 만나 흔적도 없이 부서지고, 어리고 아직 부드러운 편견은 나무뿌리가 굵어지듯 시간이 지남에 따라 몰라보게 굳건해진다. 결국 어떤 신념을 가져야

할지, 신념을 갖는 일 자체가 부질없는 짓이 아닌지 생각이 들 때도 있다.

무조건적으로 누군가에게 친절한 사람도 있다.

생각하고 행동하는 인간에게 '무조건'이라는 것은 간혹 세상에서 가장 힘든 조건일 것이다.

임마누엘과 그의 가족들은 아무것도 바라지 않고 나에게 친절하게 대해주었다.

요즘 들어 느낀 것인데, 증거들 사이에도 위계질서가 있고 어떤 증거는 다른 증거보다 훨씬 더 강력하며, 사실 너무 강력해서 이보다 더 위력적인 증거는 시간이 어지간히 흘러도 마주치기 힘들 것 같다는 생각이 들기도 한다.

그러기를 바란다.

숟가락이 없는 농장
Ghana

우연히 알게 된 현지인 임마누엘이 자기 아버지가 카카오 농장을 가지고 있다고, 주말에 함께 가자고 제의를 했을 때, 저는 그냥 한번 해보는 말로 알고 "ok" 하고는 곧 까맣게 잊어버리고 있었습니다.

그런데 약속한 날 아침 여섯 시경, 임마누엘과 그의 가족이 제가 묵는 호텔로 찾아왔어요. 정신없이 자다가 똑똑 문 두드리는 소리에 비몽사몽 일어났지요.

농장이라니, 좀 귀찮기도 했지만 이미 약속을 한 터라 순순히 따라 나서기로 했습니다. 그리고 보니 여태 코코넛을 본 적은 무수히 많아도 코코아를 본 적은 한 번도 없었거든요.

아크라에서 차를 타고 두 시간 정도 갔을까. 농장에 도착하니 사람들이 많더군요. 일꾼들과 그들 가족, 그리고 임마누엘의 아버지를 만났습니다.

"우리 아버지에게 인사드려. 바로 저 분이야."

아프리카는 뿌리 깊은 부족문화의 영향 때문인지 위계질서, 특히 집안 최고 연장자의 권위가 막강합니다. 이방인이 왔을 때에 가장 먼저 인사를 받는 것은 항상 그 집안의 우두머리, 즉 가장 나이 많은 어른입니다. 임마누엘 아버지에게 공손히 인사를 드린 다음에야 그 뒤에 기다리고 있는 다른 사람들과도 차례로 악수를 했지요.

은근히 바랐던 것처럼 멋지고 로맨틱한-영화 'Out of Africa'에 나오는 것 같은-농장과는 거리가 멀고요, 아주 소박한 곳이었습니다. 콘크리트로 대충 지은 상자 같은 건물에 방이 너덧 개 있더군요.

난 어디서 자나 했는데 구석방 하나를 깨끗이 치우더니 어디선가 가져온 커다란 침대를 하나 들여놓습니다. 새로 빨아 비누냄새 풍기는 하얀 시트를 깔고 방향제까지 놓아두는 세심한 배려를 해 주더군요. 얼음을 담은 아이스박스에 생수와 병 콜라까지 몇 병 넣어서 침대 밑에 놓아주니 아크라에서 지내던 싸구려 호텔방보다 오히려 더 쾌적합니다.

가나 초콜릿이 있지요. 가나는 한때 세계 2위의 카카오 생산국(1위는 이웃인 아이보리 코스트)이었다고 하는데 가나산 카카오는 질이 상당히 좋아서 값을 잘 받는 축이라고 합니다. 카카오 값이 예전보다 많이 떨어지긴 했어도 농산물 치고는 고가라 농장경영이 꽤 수지가 맞는다고 하더군요.

임마누엘의 어머니인 도리스 여사는 거대한 몸집에 이보다 더 거대한 미소를 가진, 아주 활달하고 재미있는 분이었습니다. 자꾸

저더러 뭐든 요리를 해보라고 하더군요. 닭과 토마토 퓨레, 마늘을 듬뿍 넣고 간단히 스파게티를 한 번 만들었더니 좀 맵긴 해도 맛이 괜찮다며 다들 잘 먹습니다. 그러더니 이번에는 한국 요리를 해 보라고 합니다.

난감합니다. 한 번도 고역이었는데 또 하라니요. 아프리카가 다 그렇지만 가나도 부엌 환경이 몹시 열악합니다. 마당 구석에 별채로 조그맣게 나무 오두막을 지어놓고 부엌으로 사용하는데 환기 구멍이 변변치 않아 장작을 땐 연기가 구름처럼 자욱, 너구리 잡는 풍경을 연상케 합니다.

콜록콜록 심한 기침에 눈물 콧물 줄줄 쏟아지고, 요리고 뭐고 당장 고통이 너무 심합니다. 그뿐만이 아닙니다. 고기를 썰 도마도 없고, 요리를 담을 그릇도 변변치 않고, 하다못해 숟가락조차 없습니다. 하긴 손으로 밥을 먹으니 숟가락이 있어야 할 이유가 없군요.

한국의 부엌에 익숙해진 제 눈에는 모든 것이 마땅치 않습니다. 요리가 취미인 사람이라고 해도 이런 곳에서라면 별로 칼을 잡고 싶지 않을 것입니다. 부엌은 가뜩이나 좁은데 호기심 많은 사람들, 꾸역꾸역 부엌으로 몰려와 숨을 죽인 채 저의 다음 동작을 뚫어져라 지켜보고 있네요. 중요한 바둑시합을 구경하는 것처럼.

결국 저는 철없는 새댁처럼 굴기로 작정했습니다. 원래 예정했던 메뉴를 바꾸어서 간단히 라면이나 끓이기로 한 것이지요. 마침 비상식으로 신라면 두 개를 가져간 게 있었거든요. 문제는 라면은 겨우 두 개뿐인데, 그걸 먹고 싶어서 눈을 빛내고 있는 배고픈 입들은 무려 스무 명도 넘는다는 것입니다. 어쨌든, 일단 부글부글 라면을 끓였습니다.

"이게 한국 음식이란다. 자, 어서들 와서 밥 먹어라."

임마누엘 어머니가 말하자 사람들이 우르르 몰려와서 한 명씩 밥을 받아갑니다. 쌀밥에다가 신라면 국물 두 숟갈씩.

아프리카식 기본 식사는 옥수수나 메이즈(maize), 카사바(cassava)나 얌(yam)을 떡처럼 만든 탄수화물 덩어리에 스파이시한 소스를 약간 뿌려 먹는 것이니 제가 준비한 식사도 아프리카 식으로 먹은 것이지요. 라면은 조금밖에 안 되니까 짭짤한 국물을 반찬삼아 먹어야 합니다. 나름대로 공평히 배분하려 노력했지만 워낙 양이 적군요. 물고기 두 마리와 떡 다섯 개를 몇 명이 나눠 먹고……이런 성경 속 기적 이야기가 저절로 생각나더군요. 그래서 기독교가 아프리카에서 히트 친 것일까요.

임마누엘네 농장은 수도가 들어오지 않습니다. 농장에 사는 일꾼가족의 아이들이 하루 종일 몇 번이고 마을 우물에 가서 물동이로 물을 길어다가 마당 구석에 세워놓은 커다란 드럼통에 채워 놓지요.

밤이 되니 그 물을 끓여서 저를 목욕하게 해 줍니다. 괜찮다고 아무리 사양해도 소용이 없군요. 제가 목욕하기 위해 방에서 옷을 벗은 후 사롱으로 알몸을 둘둘 감고 밖으로 나오자 사람들은 안 그런 척 해도 다들 호기심이 이는지 텔레비전 보는 척하며 저를 힐끔거립니다. 반라의 하얀 여자를 보는 것은 이 작은 아프리카 마을에서 늘 있는 기회가 아닐 테니까요.

임마누엘네 농장에는 일꾼 두 가족이 상주하고 있는데 그들의 아이들이 모두 합쳐 일곱 명쯤 됩니다. 처음에는 저를 잔뜩 경계하다가 점점 긴장이 풀어지더니 나중에 제가 떠날 때쯤 되니까 한 명씩 슬금슬금 다가와 악수를 청하더군요.

"우리 아들이 부탁하는데, 다음에 또 여길 올 수 있으면 그때는 자전거를 한 대 가지고 오면 좋겠다고 하네요."

애들 어머니 한 명이 다가와 이렇게 말하는 것을 듣고 마음이 편치 않았습니다. 제가 여기 또 올 일은 다시 없을 것이라는 생각 때문이지요.

저에게 카카오 농장생활은 경험을 위한 경험일 뿐이었습니다. 연예인이나 정치인들이 시장에서 한나절 물건을 팔아보는 것처럼 말입니다. 하루면 충분하지 이틀 묵기는 싫었습니다. 환기 안 되는 부엌에서 땀을 뻘뻘 흘리며 또 요리하기 싫었고, 휴지도 없는 재래식 화장실에서 전전긍긍하며 일 보기 싫었고, 전등도 없는 흙바닥 방에서 벌레 걱정하며 잠자기 싫었습니다.

물론 저는 이곳에 두 번 다시 오지 않을 수 있습니다. 그건 정말이지 아주 쉬운 일입니다. 뒤도 안돌아보고 떠나서 다시는 이곳 근처에도 얼씬하지 않고 숨을 거둘 때까지 얼마든지 살 수 있습니다.

그런 면에서, 저는 운이 매우 좋은 편입니다. 이곳에서 태어나서 어쩔 수 없이 평생 살 수밖에 없는 사람들도 많으니까요. 기호나 소망과는 전혀 상관없는 삶을 살아가야 하는 사람들. 기호나 소망이란 것을 가질 기회 자체가 주어지지 않은 사람들. 그들에게 선택이란

더없이 사치스러운 단어입니다. 이곳을 벗어나는 것은 어려운 일이 겠지요.

제 눈에 딱한 것은 농장에 거주하는 일곱 명의 아이들입니다. 어린 나이에 부모를 도와 하루 종일 목이 휘도록 커다란 물동이를 이고 나르는데 변변한 장난감 하나 없이 질척한 흙바닥을 맨발로 뛰놀면서 지냅니다. 나뭇가지와 빈병을 묶어서 조잡하게 만든 것을 질질 끌고 다니기에 그게 뭔가 했더니 자동차를 형상화한 것이더군요.

한국의 조카들 방에 가보면 장난감이 산더미라 뭐가 어디에 있는지 찾기도 힘듭니다. 비슷비슷하게 생긴 바비 인형만 해도 대여섯 개 되고 인형에 입힐 옷이며 구두며 가발까지 한 트럭입니다.
그 애들은 제 사랑스러운 조카들이고, 이 농장 아이들은 저와 아무 상관없는, 피부색마저 다른 종족이라고 해도 이건 좀 너무 불공평하다는 생각이 절로 듭니다. 어쨌든 다들 같은 인간이니까요. 그렇다면 어느 정도 비슷해야 마땅할 테니까요.
제가 임마누엘의 농장에 다시 오고 싶지 않았던 가장 큰 이유는 바로 그것이었습니다. 죄책감 말입니다.

생각 끝에 차에 오르기 직전 비상금으로 가지고 다니던 지폐를 한 장 임마누엘을 통해 일꾼 가족들에게 전달하니 애고 어른이고 가리지 않고 매우 기뻐합니다. 염소 한 마리가 10달러 정도라는 것을 생각하면 적은 돈은 아니지만 뜨거운 반응에 순간 당황합니다.

"God bless you, madam!"

감격한 엄마들은 이렇게 말하며 제 손을 꼭 잡습니다. 민망한 저는 김혜자 씨 흉내를 내어 성스럽게 웃어줍니다. 아이들을 한 명씩 다정하게 끌어안고 "공부 열심히 해.", "엄마 말씀 잘 들어야 한다." 등의 덕담도 아낌없이 해 줍니다.

"난 지금 아프리카에 있단다." 또는 "난 아프리카에 갔다 왔답니다." 이렇게 말할 수 있는 것을 뺀다면, 그리고 황홀한 동물 사파리를 제외한다면, 아프리카는 가보지 못한 사람들이 꿈꾸는 것만큼 멋있는 여행지가 못됩니다. 가격대 성능비로 치자면 한국에서 가까운 동남아보다 어림없지요. 그러나 사회주의와 거리가 먼 사람이라 하더라도 아프리카를 여행하다 보면 자신이 가지지 못한 것이 아니라 너무 많이 가진 것에 대해 생각하게 될 겁니다.

이타심을 경험하는 것은 언제든 좋은 일입니다. '내 아이는 귀하게 키워야지.' 등의 CF들로 넘쳐나는 오늘날 멋진 세상에서 우리 인간이 자발적으로 이타심을 느끼는 것은 고귀함을 넘어서서 카타르시스에 가까운 경험입니다. 이타심은 그 정도가 크던 작던 인간본성과는 반대되는 감정이니까요. 결국 우리를 위해 죄 없이 죽은 성인(saint)들이 오늘날 성인으로 추앙받는 것도 이타심 때문일 테니까요. 어쩌면, 그것이야말로 잊혀졌던 우리들의 본성일까요.

_Travel Note

한국의 조카들 방에 가보면 장난감이 산더미라 뭐가 어디에 있는지 찾기도 힘듭니다. 비슷비슷하게 생긴 바비 인형만 해도 대여섯 개 되고 인형에 입힐 옷이며 구두며 가발까지 한 트럭입니다. 그 애들은 제 사랑스러운 조카들이고, 이 농장 아이들은 저와 아무 상관 없는, 피부색마저 다른 종족이라고 해도 이건 좀 너무 불공평하다는 생각이 절로 듭니다. 어쨌든 다들 같은 인간이니까요. 그렇다면 어느 정도 비슷해야 마땅할 테니까요.
제가 임마누엘의 농장에 다시 오고 싶지 않았던 가장 큰 이유는 바로 그것이었습니다. 죄책감말입니다.

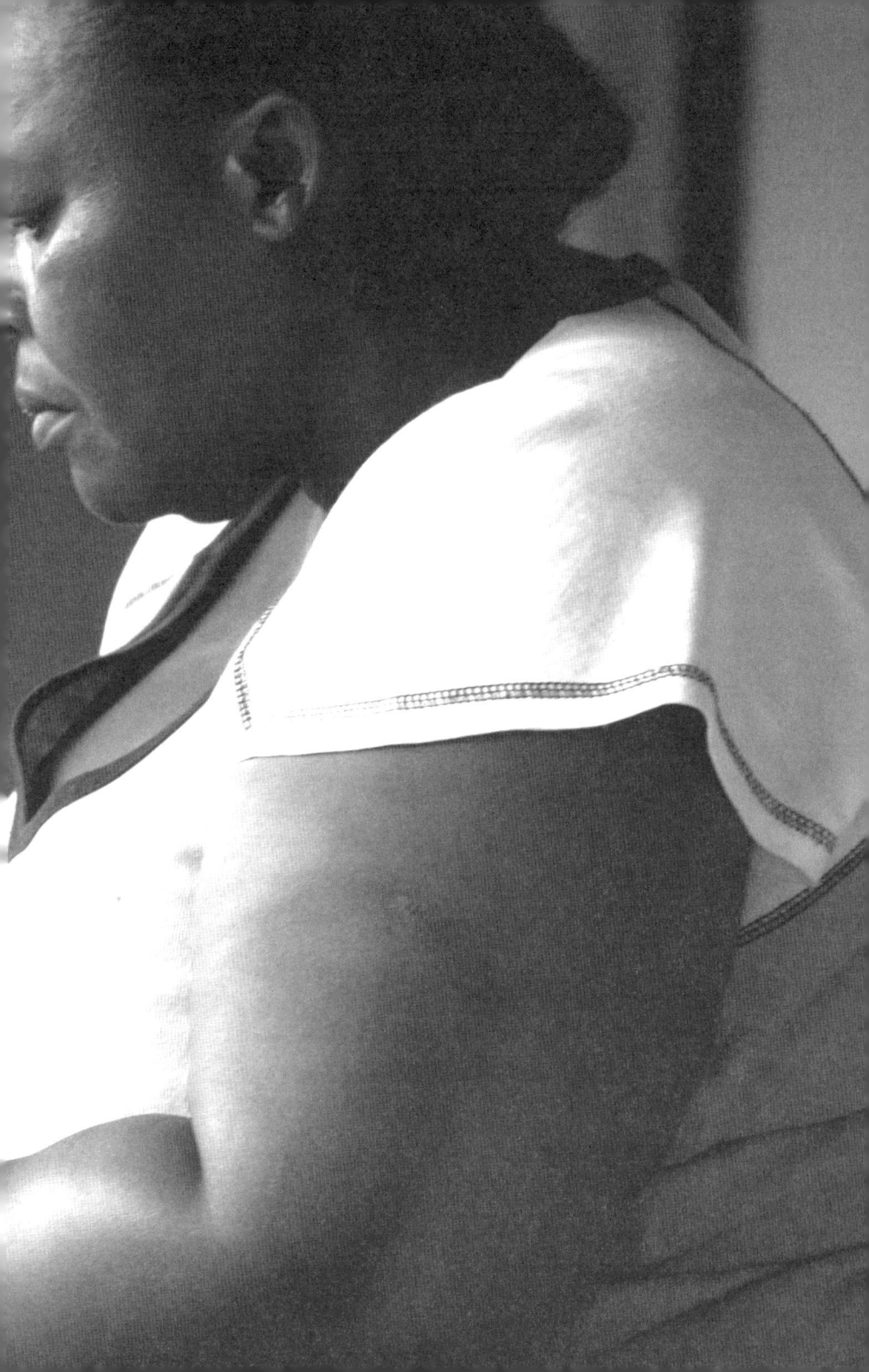

금요일에 태어난 남자
Ghana

"오브루니(obruni, 하얀 사람. 'white man'이라는 뜻의 현지어)!"

가나(Ghana)에 닿기 전 좋은 평판을 너무 많이 들은 것은 결국 그렇게 바람직한 일만은 아니었던 것 같다. 친절한 국민성으로 소문난 그 머나먼 나라에 도착한 내가 미처 예상하지 못했던 것이 있다면 정치적 올바름(political correctness)과는 거리가 먼 인종차별적인 호칭이었다.

오브루니. 어디를 가나 현지인들은 나를 이렇게 불렀다. white man.

"어이, 오브루니. 거기 내 자리 좀 대신 맡아 줘."

일찌감치 버스에 올라 자리를 잡고 앉은 나에게 열린 창문 틈으로 가방을 던지며 어느 할머니가 이렇게 소리쳤다.

"오브루니!"

터덜거리며 시골길을 걷는 나를 향해 우거진 야자수 틈으로 검은 머리를 내민 조그만 아이들이 이렇게 속삭였다. 오브루니, 과자 사 먹게 천 세디(cedi)만 줘요. 오브루니, 제발 여기를 좀 봐요……!

"하지만 왜 나를 오브루니라고 부르지? 나는 백인도 아닌데."

"백인이 아니라고 해도 우리 흑인들 기준으로 보면 너도 하얗긴 마찬가지야. 흑인이 아니면 모두 오브루니란 말이다."

피부색에 따른 차별이 보다 정교화 된 미국 등 서방사회에 비해서 가나 인들의 인종구분에는 감정이 제도로 체계화되기 이전의 순박함이 있었다. 이들의 세상에는 오직 두 가지 종류의 인간만이 존재했다. 오브루니와 베베니(bebeni, 검은 사람).

.

케이프 코스트(Cape Coast)에 도착한 것은 '오브루니'라는 호칭을 대략 천 번 정도 들었을 무렵이었다. 옛 노예무역의 중심지였던 케이프 코스트는 가나에서 가장 유명한 관광지로, 이 고풍스러운 도시에 대한 현지인들의 의견은 여러 가지였지만 한 가지에 대해서는 대체로 공통된 의견이었다.

"케이프 코스트 사람들은 아주 건방져. 유럽 인 피가 섞인 혼혈들이라 생김새가 우리와 같은 순수 흑인들과는 상당히 다르거든. 흑인과 백인의 중간 정도란 말이야. 그래서 자기네들이 우리보다 우월하다고 생각하지."

내가 남들과 다르다는 확신은 언제나 자신감, 나아가 거만함의 원천이 되는 것 같다. 또한 상대방이 나와 다르다는 믿음은 경계심,

간혹 별 근거 없는 혐오감으로 이어질 때도 있다.

카메라를 들고 이 오래된 도시를 두 시간 정도 천천히 산책하는 동안 나는 고함 섞인 욕설을 몇 번 들었고 한 번은 얻어맞을 뻔 했다. 그 이유는 내가 목에 걸고 있던 커다란 카메라 때문이었는데, 내가 가진 가이드북에는 현지에서 지켜야할 중요한 에티켓에 대해 이렇게 적혀 있었다.

사진을 찍기 전에 반드시 당사자의 허락을 얻을 것. 거절당한다고 해도 너무 슬퍼하지 말고 꾹 참을 것. 비록 아무리 가슴 아픈 상황이라고 하더라도.

가이드북에 나와 있지 않은 중요한 사실은 사진을 찍기 위해 허락을 얻으려 했을 때 현지인들의 대답은 언제나 똑같다는 것이다. 간질한 얼굴로 대답을 기다리고 있는 나를 향해 그들은 약속이나 한 것처럼 이렇게 말했다. No.

"사람을 찍으려는 것이 아니라 다만 집을 찍고 싶은 겁니다. 아주 아름다운 건물이라 꼭 찍어보고 싶군요."

"안 돼!"

"사진을 찍어서 돈을 받고 어디에 팔거나 하려는 것이 아니에요. 다만 너무 아름다운 집이라 한국의 친구와 가족들에게 보여주고 싶어서 그럽니다."

"안 돼!"

"딱 한 장만 찍으면 안될까요. 멀리서 얼핏 한 장만."

"안 돼!"

뭐라고 부탁을 한들 소용이 없었다. 드물게 착한 누군가가 용케 내 부탁에 응하려고 하면 그의 친구와 이웃들, 그리고 사돈의 팔촌들이 어디선가 불쑥 나타나 마음 약한 그들을 대신해서 눈을 부라리며 두 번째 손가락을 흔들어 댔다. No! No! No!

"저를 가이드로 써 주세요."

항구 근처를 걷던 나에게 어린 남자애 한 명이 따라붙었다. 나는 고개를 저었다. No.

"케이프 코스트의 역사에 대해 자세히 설명해 드릴게요. 황금을 찾아서 배를 타고 가나를 찾아온 포르투갈 인들 이야기이며 노예무역에 얽힌 이야기를 모두 해 드릴게요."

"필요 없어. 그런 것은 이미 모두 책으로 읽었으니까."

아이는 사진 찍는 것을 거절당한 나처럼 실망스러운 얼굴로 어디론가 사라져 버렸다.

나는 주변을 둘러보았다. 영국 식민시절의 고풍스러운 건물들 사이사이로 힐끔거리며 나를 주시하는 흑인들이 보였다.

"어이, 오브루니. 사진을 찍고 싶으면 돈부터 내시지."

그물을 고치고 있던 어부 몇 명이 카메라를 들고 있던 나를 향해 낄낄거리며 고함쳤다. 당황함이 분노로 변하는 것은 순간이었다.

"난 여태 단 한 번도 사진을 찍기 위해 누군가에게 돈을 줘본 적이 없어. 앞으로도 그럴 거야. 돈을 내야 한다면 차라리 사진을 안 찍고 말지."

지나친 결의에 찬 말은 듣는 사람은 물론 말하는 당사자의 건강

에도 그리 좋지 않은 것 같다. 분노한 표정으로 성큼성큼 길을 걷던 나는 케이프 코스트 성에서 항구로 내려가는 비탈길에서 돌부리에 걸려 진흙과 오물로 질척거리는 바닥에 나뒹굴고 말았다. 발을 걸거나 등을 떠민 사람 한 명 없이 나 혼자 저절로.

Obruni fell over a stone!
하얀 사람, 돌에 걸려 넘어졌다!

그것은 단조로운 삶을 살아가는 현지인들에게 훌륭한 구경거리였다. 굵은 바늘을 들고 뚫어진 그물을 열심히 꿰매던 어부들, 길에 무쇠로 된 커다란 솥을 걸어놓고 밥을 짓던 여자들, 흥밋거리에 목이 마른 어린애들이 당장 구름처럼 몰려들어 제각기 큰 소리로 웃고 뜻을 알 수 없는 소리를 질러댔다.

수십 명에게 둘러싸여 누워 있던 나는 간신히 정신을 차렸다. 목에 걸고 있던 카메라와 어깨에 메고 있던 카메라 가방이 하수구에 빠지지 않은 것이 천만다행이었다.

"오브루니, 안 다쳤소?"

상처를 살피려는 검은 사람들을 밀치고 나는 절뚝거리며 항구를 떠나 숙소인 사보이 호텔로 돌아왔다. 사보이 호텔은 사보이(Savoy)라는 고유명사가 풍기는 고상한 어감과는 전혀 연관이 없는 너절한 여관으로 주름투성이 매니저 영감은 내가 사진을 찍으며 겪은 이야기를 듣자 오히려 벌컥 화를 냈다.

"말도 안 돼! 케이프 코스트는 가나에서 가장 친절한 사람들이 사는 곳이야!"

"그야 영감님은 여기서 태어나서 70년이 넘도록 사셨으니까 그렇게 생각하시겠지요."

내 말에 골이 난 매니저는 사무실로 들어가 버렸고 대신 직원인 코피(Kofi)가 비상약통을 들고 와서 내 다리의 상처를 치료해 주었다.

"그러게 나와 함께 갔으면 이런 일 없었잖아요. 다음에는 나와 함께 가요. 케이프 코스트 성이든 어디든."

그는 살이라곤 일체 없이 홀쭉한 얼굴에 길고 호리호리한 몸, 영리하게 반짝이는 눈을 가진 젊은 남자였다. 울창한 풀숲 위로 고개를 빼고 이리저리 재빨리 수변을 살펴보는 파린 뱀치럼, 쉴 새 없이 내 표정을 살피고, 요모조모 옷차림을 훑어보고, 뚫어지게 내 눈동자를 들여다보다가 어느 순간 돌연 고개를 돌려 버렸다. 속마음을 들키는 것이 부끄러운 사람처럼.

"당신은 무슨 요일에 태어났어요?"

청년이 갑자기 물었을 때 나는 어리둥절해졌다. 내가 무슨 요일에 태어났더라.

"무슨 요일에 태어났냐고? 그야 나도 몰라."

"무슨 요일에 태어났는지도 모른다니, 그런 사람이 어디 있어요?"

"정말 몰라. 아마 우리 어머니에게 물어봐도 기억하지 못하실걸.

한국에서는 태어난 날짜가 중요하지 요일은 아무도 신경 쓰지 않으니까."

청년은 충격을 받은 기색이 역력했다. 그는 금요일에 태어났다고 했다.

"그래서 내 이름이 코피(Kofi)에요. 금요일에 태어난 남자니까. 우리는 아이가 태어나는 요일별로 이름을 붙이거든요."

이것은 가나의 인구 절반 정도가 속한 아칸(Akan) 부족의 오랜 관습이었다.

"무슨 요일에 태어났는지 진짜 모른다면 일곱 요일 중에서 아무거나 하나 골라 봐요. 내가 이름을 붙여 줄 테니."

망설이던 나는 수요일을 댔다. 수요일에는 빨간 장미를. 어쩌면 나는 정말로 수요일에 태어났을지도 모른다. 집에 돌아가면 어머니에게 물어보리라.

"수요일에 태어난 여자는 아쿠아(Akua)예요." 코피가 말했다.

"엘미나는 아마 케이프 코스트보다는 좀 나을 거예요. 거기 사람들은 여기처럼 사납지는 않으니까. 당신이 사진을 찍는 것에 별 문제 없을 거예요."

그 말이 사실이기를 바랐다.

다음날 오후 나는 인근 마을 엘미나(Elmina)로 향했다. 합승택시를 타고 엘미나 성에 내리자 성 앞에서 진을 치고 기다리고 있던 소년들 십수 명이 당장 달려들었다. 시작하는 말은 각자 달랐지만 목적은 오직 하나였다.

"엘미나 축구클럽에 기부를 좀 해주세요. 유니폼도 사고 공도 사게요. 여기 이 명단을 보시면 지금껏 기부한 외국인들 이름과 기부금 액수가 적혀 있어요."

혼자가 되기까지는 시간이 걸렸다. 마침내 주변이 조용해지자 나는 하얀 성채에 카메라의 렌즈를 가져다 댔다. 오래되어 균열이 생긴 벽, 멀리 보이는 푸른 바다, 그리고 삼원색으로 이루어진 가나의 깃발이 눈에 들어왔다. 아름다운 것, 오래된 것, 난생 처음 보는 것들을 차례대로 카메라에 담았다.

사진을 얼마나 찍었을까. 성 앞의 대포 위에 올라타고 있는 꼬마들을 발견했다. 열 살쯤 된 소녀들 두 명. 서로 장난을 치며 갈색 고철 위에서 즐겁게 놀고 있었다.

나와 그 애들은 약 30m 정도 거리를 두고 서로 떨어져 있었다. 처음 보는 완벽한 피사체였다. 나는 초원에서 아름답고 겁 많은 초식동물을 발견했을 때처럼 숨을 죽인 채 카메라 가방으로 손을 뻗어 소리 없이 망원렌즈를 꺼냈다.

잠깐만 계속 그대로 있어 봐라.

낡은 듯 하얗게 빛이 바랜 성벽, 아프리카 대륙에서 가장 오래된 건축물을 배경으로 원색의 옷을 걸친 두 명의 흑인 소녀들…….

서둘러 망원렌즈의 초점을 맞췄다. '삐' 하고 카메라가 소리를 냈고 나는 셔터를 누르려 했다. 그러나 바로 그 순간, 소녀들은 멀리 있는 내가 무엇을 하는지 알기라도 하는 것처럼 손바닥으로 얼굴을 가렸다. 카메라 렌즈 속에서, 얼굴을 가린 손가락 틈으로 보이는 그

애들의 눈과 나의 눈이 마주쳤다.

소녀들은 내가 무엇을 하는지 잘 알고 있었다. 내 눈에 띄라는 것을 알고 바로 그 목적으로 대포 위에 기어 올라갔던 것이다. 그들은 이방인이 손에 든 카메라의 모델이 되는 것에 이미 익숙해져 있었다. 자신들이 얼마나 매력적인 모델인지, 쉽게 얼굴을 보여서는 안 된다는 것까지 모두 잘 알고 있었다.

얼굴을 보여줘.

그러나 그 애들은 여전히 얼굴에서 손을 떼지 않았다. 깔깔 웃고, 가느다란 팔다리로 대롱대롱 대포에 매달리고, 목청껏 노래를 불러댔지만 여전히 작은 얼굴을 한 손으로 가린 채였다.

얼굴을 보여 달란 말이야…….

초조해진 나는 마른 숨을 삼켰다. 바로 그때, 내 말을 듣기라도 한 것처럼 두 소녀는 어느 순간 거의 동시에 손을 내렸다. 내 카메라 렌즈를 향해 하얀 이를 드러내고 웃었는데 웃음소리는 들리지 않았지만 방울소리처럼 맑디맑은 환청이 울려 퍼질 정도로 환한 미소였다.

나는 흥분했다. 연속해서 셔터를 누르고, 초점을 확인하고, 다시 셔터를 눌렀다. 조금만 더!

얼마나 지났을까, 대포에서 소녀 한 명이 내려오더니 나를 향해 비칠거리며 다가왔다.

"이제……돈을 주세요."

소녀는 내 눈치를 살피며 작은 목소리로 말했다. 내가 자신들의 사진을 찍었다고 확신하는 것 같았다.

"돈을 달라고? 너한테? 왜?"

소녀는 난처한 표정을 지었다. 잠깐 망설이다 자기 입을 가리키며 수줍은 듯 중얼거린다.

"……먹을 것 사려고요."

놀랍게도, 어린 소녀는 벌써 부끄러움에 대해 알고 있었다. 내 표정을 보더니 곧 포기하고 뒤돌아섰다. 깡총거리며 대포 위에 앉아 있는 친구에게로 되돌아갔다. 돈을 받지 못할 것을 깨달은 듯 그 애들은 더 이상 얼굴을 가리는 헛된 노력을 하지 않았다. 나는 셔터 누르는 것을 잊고 렌즈 속을 들여다보았다.

두 소녀는 이제 인색한 이방인에 대해서는 완전히 잊었다. 더러운 수건을 깃발처럼 하늘에 대고 흔들며 목청껏 노래하고 있었다. 운이 좋은 날이면 이렇게 대포 위에 앉아 잠깐 기분을 내는 것만으로도 얼마간 돈을 벌 수 있다는 것을 반복적인 경험을 통해 익히 알고 있는 아이들이었다. 오늘처럼 운이 나쁜 날이면 어쩔 수 없다는 것도.

너희들은 별.

나는…….

갑자기 피로감이 몰려왔다. 눈에 대고 있던 카메라를 내려놓았다. 주머니를 뒤져 짚이는 대로 지폐 한 장을 꺼냈다. 둘째 손가락과 셋째 손가락 사이에 돈을 끼우고 멀리 있는 소녀들을 향해 흔들자 그 애들은 신호를 곧 알아들었다.

소녀의 조그만 얼굴은 폭발적인 기쁨으로 넘쳐흘렀다. 누군가

저렇게 행복해 하는 것을 마지막으로 본 것이 언제였더라. 낡아빠진 옷을 걸친 맨발의 그 애는 가느다란 두 다리로 힘차게 푸른 풀밭을 박차고 하늘을 날 듯 내 쪽을 향해 전속력으로 달려왔다. 자칫 앞으로 쓰러질 듯 쓰러질 듯 위태롭게. 정신을 차린 나는 반사동작처럼 다시 카메라를 집어 들었다.

너희들은 새.

나는 총을 든 사냥꾼.

엘미나에서 케이프 코스트로 돌아오는 택시 속에는 나 말고도 케이프 코스트 여인 두 명이 더 타고 있었다. 엘미나 항구의 시장에서 생선을 사들였는지 숨이 막힐 정도로 지독한 비린내가 풍겼다. 영어를 못하는 여인들은 한참을 서로 소곤거리더니 이윽고 택시 기사를 통해 내 이름을 물었다.

"오브루니."

내가 대답하자 뒷좌석의 여자들은 깔깔 웃음을 터뜨렸다.

"그것 말고, 당신 진짜 이름이 뭔지 궁금하대요." 택시기사가 참견했다.

"아쿠아."

여자들은 더 크게 웃었다. 어쩌면 나는 정말 수요일에 태어났을지도 모른다. 그랬으면 좋겠다. 수요일은 아주 좋은 날이었다. 고통스러운 월요일과 화요일은 이미 지나갔고, 이제 하루가 갈수록 즐거워질 일밖에 남지 않은 일주일의 중간이었다. 오늘이 바로 수요일이다. 내 생일날.

　케이프 코스트에 도착했을 때는 이미 날이 어두워진 후였다. 하루 일을 끝낸 코피가 호텔 앞에 서 있다가 나를 향해 다가왔지만 내 표정을 보고는 걸음을 멈췄다. 금요일에 태어난 그는 휘파람을 불며 어둠 속으로 사라져 갔다. 날렵한 생김새만큼이나 눈치가 빠른 남자였다.

　누군가 후추를 넣고 요리를 하는지 어두컴컴한 복도에는 자극적인 음식 냄새가 가득했다. 항구에서 넘어져 다친 다리의 상처는 아직도 쑤셨고 내가 어깨에 멘 카메라는 신선한 포획물로 가득 차 쇳덩어리처럼 무거웠다.

　주머니를 뒤져 열쇠를 찾아 자물쇠에 꽂고 이리저리 돌렸지만 방문은 너무 낡아 잘 열리지 않았다.

모두를 위한 천국
Kenya

대학을 졸업하기 직전의 일이다.

친구들은 다들 취입준비에 바빴고 내학원에 진학하기로 일씨감치 결정한 나는 함께 놀 상대를 모두 잃고 아주 심심해졌다. 마침 읽고 있던 어느 인류학자의 책에 다음과 같은 구절이 있었다.

'……교제를 가질 기회를 빼앗긴 원숭이들은 생명을 위협하는 심각한 신경증을 일으킨다. 그들은 우리에 앉아서 멍하니 허공을 바라보며 똑같은 원을 그리면서 반복해 돌고 머리를 손과 팔 사이에 끼우고 오랜 시간 동안 앞뒤로 몸을 흔든다……'

인터넷이 대중화되기 전 낯모르는 사람들 간의 만남을 주도한 것은 PC통신이었다. 무료함을 견디지 못한 나는 통신에 열중, 애완동물 동호회에서 어떤 남자를 한 명 유혹하는 것에 성공했다. 장차 동물 가게 주인이 되는 것이 꿈이라는 사나이였는데 그가 게시판에 올린 어느 글에 이렇게 적혀 있었다.

"저는 인간보다 애완동물을 더 좋아합니다."

이렇게 대담한 선언이 새삼 놀라울 것도 없는 것이, 그 동호회에는 대부분 그와 비슷한 사람들이 드나들었으니까. 페르시안 고양이를 다섯 마리 기르는 노처녀에서부터 아내의 반대를 무릅쓰고 냉동된 쥐를 먹여가며 비단뱀을 키우는 한의사, 앵무새 알을 직접 부화시키는 것에 드디어 성공했다는 중학생, 토끼와 닭을 길러 집안의 단백질을 자급자족한다는 칠순 노인까지, 다양한 나이와 경력의 사람들이었지만 모두들 한결같이 동물을 좋아했다.

인간보다 애완동물이 더 사랑스럽다는 그 남자는 수줍음을 많이 탔다. 마침내 그를 직접 만났을 때 나는 다음과 같이 물어보았다.

"애완동물이 인간보다 더 좋은 이유를 말해보세요."

내 질문에 제대로 답을 하지 못했더라면 우리가 친구가 되는 일은 없었을 텐데. 모 통신 애완동물 동호회의 창립자 두 사람 중 한 명이기도 한 그는 잠깐 고민한 끝에 늠름하게 대답했다.

"대리인간으로서 한두 마리의 애완동물은 인간의 서비스 노동자 전체를 대신할 수도 있습니다. 혼자서 연기하는 코미디언처럼 나를 즐겁게 해주고, 생물 선생님처럼 나를 가르쳐 주고, 정신과 의사처럼 내 이야기에 귀를 기울여 주고, 성직자처럼 내 고백을 들어 줍니다. 그것도 일 년에 단돈 몇십만 원의 저렴한 비용으로 말입니다. 이 정도면 충분한 이유가 되지 않을까요?"

마빈 해리스의 인용으로 빈틈없는 답변이었다. 그의 동물 사랑은 거짓이 아니었다. 두 마리의 노란 앵무새를 매일 아침 새장에서 꺼내서 운동을 시켰고 책상 위 유리 상자 속에는 말레이시아 태생 별거북 세 마리가 들어있었다. 또 새까만 털을 가진 도베르만을 한 마리 키웠는데 정신이 약간 이상한 개로 주인을 몰라보고 가끔 손이나 무릎을 피가 나도록 물어뜯기도 하는 포악한 놈이었다.

그렇게 동물을 좋아하는 남자는 그 전에도 그 후에도 본 적이 없었다. 동물을 사랑하는 사람치고 나쁜 사람 없다는 말을 어디서 들었던 것 같은데……

"별거북 한 마리가 시름시름 앓는 것 같아서 돋보기를 대고 살펴보니 코에 맑은 방울이 하나 맺혀 있어. 콧물인가 봐. 감기가 든 것이 분명해."

그는 각종 동물들과 관련된 신기한 이야기를 들려주었고 나는 이에 대한 답례로 내가 여행한 곳들에 대해서 말해주었다.

"그래서, 넌 어디를 가보고 싶니?" 어느 날 내가 물었.

"시간과 돈이 된다면, 그래서 이 세상에서 단 한 군데를 갈 수 있다면, 그렇다면 어디를 가고 싶어?"

"그야 물론 케냐지."

"케냐? 하지만 거긴 너무 멀고 돈도 많이 들 텐데. 그리고 치안도 불안해서 여행경험이 없는 너로서는 혼자서 무리일 거야. 단체관광단에 낀다면 모르겠지만."

"상관없어. 언젠가는 꼭 그 땅에 가고 말 거야. 무슨 일이 있어도 언젠가는 반드시 가보고야 말 테다."

우리들은 날씨가 좋은 날이면 가끔 동물원에 놀러갔다. 나는 지금껏 도시의 동물원보다 더 우울한 장소를 알지 못한다. 언제나 동물보다 사람들이 더 많았다. 어린 구경꾼들은 즐겁게 고함을 지르며 철창을 흔들어댔지만 우리에 갇힌 동물들은 꼼짝도 하지 않고 좁은 공간 구석에 웅크린 채 가만히 앉아 있었다.

"동물이라고 해서 바보는 아니야. 집에서 그렇게 멀리 떨어진 곳에 갇힌 채 구경거리로 살아간다니, 너라면 어떻게 행복할 수 있겠니?"

야생상태의 건강한 동물들을 보는 것이야말로 내 친구가 케냐에 가길 바라는 가장 큰 이유였다. 신중한 사람이 흔히 그렇듯 말수는 적었지만 허튼 소리라고는 일체 하지 않는 남자였다. 몇 년 후 그는 오래 걸려 모은 돈을 들고 정말 케냐로 홀홀 단신 여행을 떠났다. 그의 첫 번째 해외여행이었는데, 2주일간의 휴가를 얻기 위해 결국 다니던 회사를 그만둘 수밖에 없었다.

여행에서 돌아온 그는 그 후 나를 만날 때마다 케냐에 대해 환상적인 이야기를 들려주었다. 누군가로부터 한 장소에 대해 수십 수백 차례 일관된 찬사를 듣다 보면 어지간히 상상력이 부족한 사람이라 할지라도 결국 그곳에 가봐야겠다는 생각이 들 수밖에 없는 것이다. 반복은 최면술의 기본이 아닌가.

최면에 깊숙이 걸린 나는 마침내 케냐로 향했다. 케냐는 아프리카에 가보지 못한 사람들이 그 머나먼 땅에 대해 품고 있는 갖가지

환상들의 모태가 된 장소다. 빈곤과 치안 부재, 너른 대지에서 뛰노는 다양한 야생동물들, 그리고 검은 대지에 흩어져 사는 검은 사람들...... '야성의 엘자'와 '아웃 오브 아프리카'와 같은 영화에서 만화 '라이온 킹'에 이르기까지, 부정적인 인종차별의 배경은 이웃 나라 남아공에 살짝 넘겨주고 줄곧 낭만적인 아프리카의 배경이 되어온 곳.

이제 '하쿠나 마타타(Don't worry, be happy.)'라는 달콤한 스와힐리 어는 세계 공용어가 되어버렸다. 스와힐리 어인 사파리(Safari)와 동의어가 되다시피한 케냐의 국립공원들은 아프리카를 찾는 관광객들 사이에서 여전히 가장 인기가 있는 동물의 천국이다. 수도인 나이로비는 '나이러버리(Nairobbery)'라는 별명이 붙을 정도로 치안이 불안하기로 악명 높은 곳이다. 북적거리는 관광객들과 매캐한 공기, 황금만능주의에 물든 상업성과 무분별한 서구화의 모습으로 그다지 사랑받지 못하는 장소이긴 하지만 많은 사람들에게 아프리카의 관문으로 기억되는 친숙한 도시이기도 했다.

케냐에 도착한 지 얼마 되지 않아 나는 왜 아프리카로 가는 사람들의 숫자가 그렇게 적은지 알 수 있었다. 이유는 세 가지였다. 첫째, 아프리카는 서울에서 너무 멀었고 둘째, 아프리카의 도시들은 마음 놓고 걸어 다니기에는 너무 위험했고 셋째, 동물을 보기 위한 사파리 여행은 가격이 너무나 비쌌다.

마사이마라 국립공원 입장료에 숙박비와 식비를 합치면 아무리 아낀다고 해도 일일 사파리 비용으로 하루에 백 달러 이상 써야했다. 더럽고 추운 잠자리에서 잠을 자고 내 손으로 물을 긷고 불을 피워 밥을 직접 지어 먹으면 이보다 돈을 아낄 수 있었지만 기본 입장료가 있기 때문에 어느 이상 절약할 수는 없다. 반면, 호화로운 사파리는 꽤나 편안하고 낭만적이다. 광활한 아프리카의 풍경이 바라보이는 멋진 롯지에서 잠을 자고 끼니때면 하얀 제복을 차려입은 흑인들이 정중하게 시중을 드는 식당에서 묵직한 은식기로 밥을 먹을 수도 있다.

나는 가장 싼 것 다음으로 싼 사파리를 골랐다. 가장 싼 것과 거의 차이가 나지 않지만 굳이 값으로 순위를 매기자면 밑에서 두 번째였다. 밑에서 첫 번째가 아니라는 것에 커다란 자부심을 느끼는 사람들로 팀이 구성되었다.

"동물들이 보기에는 모두 똑같아 보이겠지요? 하얀 냅킨을 무릎에 깔고 안심 스테이크를 먹는 부자들이나 양파와 토마토소스밖에 안 들어간 스파게티를 우물거리고 있는 우리들이나 말입니다."

내가 가이드인 영국인 마이크에게 묻자 아프리카 여행 경험이 풍부한 그는 이렇게 대답했다.

"그야 나도 몰라요. 요즘 동물들은 워낙 영리해서."

케냐의 사바나는 거칠고, 소박하며, 아름다웠다. 드넓은 지구상에서 가장 순결한, 문명의 거센 물결이 깜박 빠뜨리고 지나간 한 조각 땅 같았다.

조용히 내리쬐는 맑은 햇빛 속 투명한 공기 중에 미세한 노란 먼지가 날아다니는 것이 선명하게 보였다. 바람이 스치고 지나가면 저절로 바삭거릴 듯 메마른 공기였다. 바싹 마른 갈색 덤불에서 노란 줄무늬가 들어간 검정 꿀벌 몇 마리가 붕붕거리며 비행했다. 풀숲 틈새로 조그만 꽃들이 가득 피어 있었다. 내가 알 수 없는 이름을 가진 꽃들. 향긋한 냄새가 코끝을 스쳤다.

"저기 사자 떼(pride)가 있어요. 놀라게 하면 안 돼요."

가이드의 말에 우리들은 일제히 숨을 죽였다. 덤불 너머 거대한 암사자들과 아기 사자들이 있었다. 사자들은 사파리용 지프차에 타고 있는 우리들을 전혀 무서워하는 것 같지 않았다. 인간이 동물원 우리 속에 갇힌 맹수를 두려워하지 않는 것처럼.

나는 좀 더 기다렸다. 인내심을 가지고 기다리면 어디선가 마술처럼 동물들이 나타났다. 멀리서, 구름처럼 먼지를 일으키며 얼룩말 떼가 지나가고 우아한 임팔라에 기린, 물소와 새떼들, 죽은 동물 주변으로 거대한 독수리들이 날개를 퍼덕이며 날아들었다.

"돈과 시간을 많이 들였지만 후회하지 않아."

동물을 좋아하는 내 친구가 오래 전 아프리카에서 보낸 엽서에는 이렇게 적혀 있었다. 고개를 갸우뚱 기울인 어린 사자는 내 카메라의 망원렌즈 속에서 손가락을 뻗으면 당장에라도 노란 털을 더듬을 수 있을 것처럼 아주 가깝게 느껴졌다. 동물원 우리 속에 갇힌 사자와는 표정과 눈빛이 완전히 다른 생명체였다.

이 대지가 바로 그들의 집이었다. 아프리카는 만물의 영장이 불청객에 지나지 않는 지구상 거의 유일한 대륙이다. 기념주화처럼 큼직하고 새빨간 태양이 황금빛 지평선 너머로 서서히 떨어지는 것을 모두들 기도시간처럼 경건한 마음으로 지켜보았다.

　어두워지자 적당한 곳에 캠프를 친 우리는 운전사이자 가이드이 기도 한 마이크가 저녁 식사를 준비하는 것을 도왔다. 식후에 뜨거운 커피를 한 잔씩 마시자마자 노곤해져서 곧 잠자리에 들었다. 순도 높은 밤공기 때문에 작은 소리까지 선명하게 들렸다.

　주변은 어느새 아주 차가워졌다. 검은 하늘에는 은빛별이 무수히 떠올라 감고 있는 눈이 부실 지경이었다. 모닥불 옆 침낭 속에 웅크린 나는 사자가 으르렁거리는 소리가 들리길 기다렸지만 불에 타다 만 장작이 간간히 굴러 떨어지는 소리뿐 아주 고요했다.

　"이보다 몇 배의 돈과 시간이 든다고 해도 나는 결국 이곳에 왔을 거야."

　인간보다 동물을 사랑하는 내 친구는 아프리카에서 보낸 엽서에 이렇게 적었다. 인간은 하이에나보다도 훨씬 더 현실적이고 여러모로 무섭기 짝이 없는 동물이지만 인생에서 한두 번쯤 어떤 일에 대해서는 그 결과의 실리 유무에 비교적 너그러워지는 것 같다. 예를 들자면, 아주 오래된 꿈의 실현 말이다.

　컴퓨터처럼 계산이 철저한 사람이라 하더라도 일생에 한 번쯤은 앞뒤를 따지지 않는 일을 해보고 싶어지는 순간이 있다. 예를 들자면, 오래 걸려 모은 저금을 몽땅 털어서 야생동물들이 뛰노는 아프리카로 날아오는 것.

　내 친구는 여태 빨간 색깔의 옷을 한 번도 입어본 적이 없을 정도로 파격과는 거리가 먼 삶을 살았지만 생애 첫 여행지로 주저 없이 케냐를 택했다. 순결한 사바나에서 낮에는 자유로운 동물들을, 밤에는 별들로 가득 찬 하늘을 보며 캠핑한 2주일이 그의 인생에서 가장 행복한 시간이었다고 했다.

나도 마찬가지였다. 단순한 공간이동만으로도 이렇게 행복해질 수 있다니, 인생이 전보다 한결 쉽게 느껴졌다. 사파리 비용을 지불하고 난 주머니는 텅 비어 있었지만 집에서 비행기로 스무 시간 이상 떨어진 검은 대륙의 대초원, 끝이 보이지 않는 하얀 별의 바다 아래 누운 나는 오래간만에 근심걱정 하나 없었다. 다리의 피로는 내일 아침이면 사라질 것이고 돈이라면 또 벌면 된다. 필요한 것은 오직 시간뿐이었다.

배는 기분 좋게 부르고 밤은 아직 반 이상 남아 있었다. 밤이슬에 젖은 풀 냄새와 커피 냄새가 희미하게 풍기고 어디선가 벌레 우는 소리가 규칙적으로 들렸다. 시간이 흘러가는 것을 가능한 한 오래오래 느끼고 싶었지만 따뜻한 모닥불 기운에 곧 눈꺼풀이 무거워졌다.

잠이 들기 전 머리 위에 뜬 별을 향해 소원을 빌었다. 낮에 본 어린 사자들이 나오는 꿈을 꾸고 싶었다. 황금빛 사바나에서 뛰노는 사자 꿈에서 깨어난 나를 기다리고 있는 것이 뱃전에 결박되어 하얀 뼈만 남은 거대한 청새치, 고통스러운 현실로의 변함없는 귀환이라 할지라도.

Journey 05
4월의 일본 여행

L은 웃으면서 이것을 '청개구리 기질'이라고 부르는데, 나는 어떤 편인가 하면, 시간이 흐르며 어떻게 하다 보니 누구나 좋아하는 것에는 최소한의 흥미도 느끼지 못하게 되어버렸다.

눈부신 발전을 거듭했다는 한국영화 중에서 본 것은 오직 명절 때 텔레비전에서 방영해 준 몇 편뿐이고, 월드컵 시즌이면 무조건 흥분하는 미디어의 선동도 지겹고, 비(가수)가 어느 날 밤 살며시 꿈에 등장하는 일도 없다. 그 좋아하던 발리(Bali)-경험상 동남아 최고의 장기체류지다-조차 요 몇 년 새 예전보다 부쩍 관광객이 많아지면서 갑자기 애정이 식어 버렸다.

이것은 나의 정체성-누구로부터 어떤 영향을 받든 결국 ID는 스스로 만들어가는 것이다-과 상당한 연관이 있는 것 같다. 자아형성에는 긍정적 방식과 부정적 방식이 있고 왜 그렇게 되었는지는 잘 모르겠지만—호르몬의 폭발로 미쳐 날뛰던 청소년기의 행동원인을 정확하게 분석하기란 매우 어려운 일이다—내가 택한 것은 후자이기에 결국 누군가를 닮기보다는 그를 닮지 않으려는 필사적인 노력을 통해서 지금의 내가 생겨났다고 할까.

다시 말해서, 개고기를 좋아해서 개고기를 먹는 것이 아니라 개고기를 먹는 행위에 호들갑을 떠는 사람들을 닮지 않으려는 노력에서 개고기를 먹는다는 뜻이다. 이것은 어디까지나 비유일 뿐 나는 사실 개고기를 먹지 않는다.

민족주의가 다른 여러 의식(ism)들을 간단히 압도하는 한국에서 태어난 사람으로서 일본이란 이웃나라를 진심으로 사랑하기란 거의 불가능한 일이지만 일본인과 결혼하거나 귀화하는 것이라면 몰라도 일본여행 정도라면 어렵지 않게 할 수 있다.

사실 내 주변에는 여행지로서의 일본을 싫어하는 사람보다 좋아하는 사람이 월등 많아서, 며칠 휴가가 나면 기꺼이 일본을 택하는 친구 A양이나 어린 시절을 일본에서 보냈던 친구 P여사, J여사 등이 바로 그들이다. 도쿄나 오사카에 가면 뭘 하느냐는 질문에 그들은 이렇게 대답한다.

"예쁜 카페에서 케이크도 먹고 갖가지 가게에서 쇼핑도 하고 백화점 구경도 하지. 가끔 온천도 가고……."

나는 지금껏 한 번도 일본을 여행하지 않았다. 앞서 말한 청개구리 기질 탓도 있겠지만 무엇보다도, 거긴 여기서 너무 가깝다는 것이 가장 큰 이유였던 것 같다. 해외여행을 떠나며 내가 가장 기대하는 것이 목적지에 발을 디디는 순간 머리가 핑그르르 돌 정도의 낯 설음이라고 한다면, 옆 나라 일본은 절대적인 거리상으로 보나 길을 걷는 사람들의 외모로 보나, 심지어 음식으로 봐도 이국적인 느낌을 풍기기에는 역부족이었던 것이다.

그렇다. 일본은 너무 가깝다. 비행기 타고 기껏 한 시간, 삿포로 나 오키나와처럼 그나마 먼 곳이라고 해도 두어 시간. 그렇다면 좀

더 남겨두었다가 늙어 기력이 사라졌을 때를 기다려 방문하는 편이 좋지 않을까.

다리에 힘이 있고 시간도 있고 게다가 돈마저 있다면, 그렇다면 일본보다는 이왕이면 의식주 모두가 한국과는 확연히 다른 지구 정

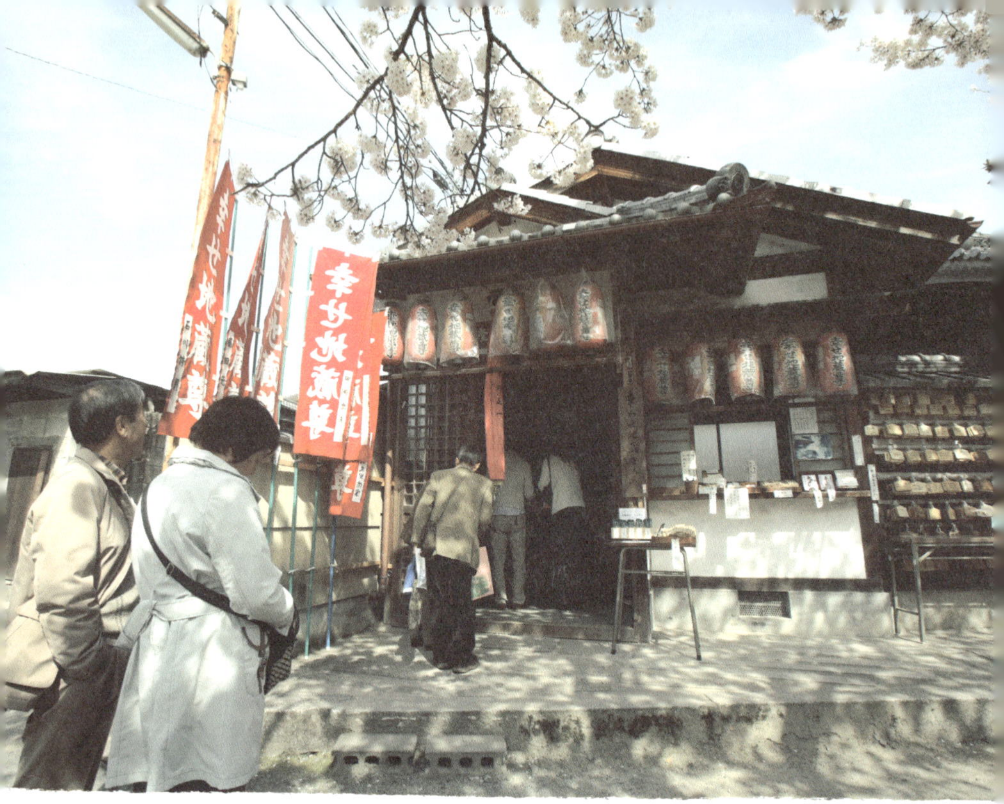

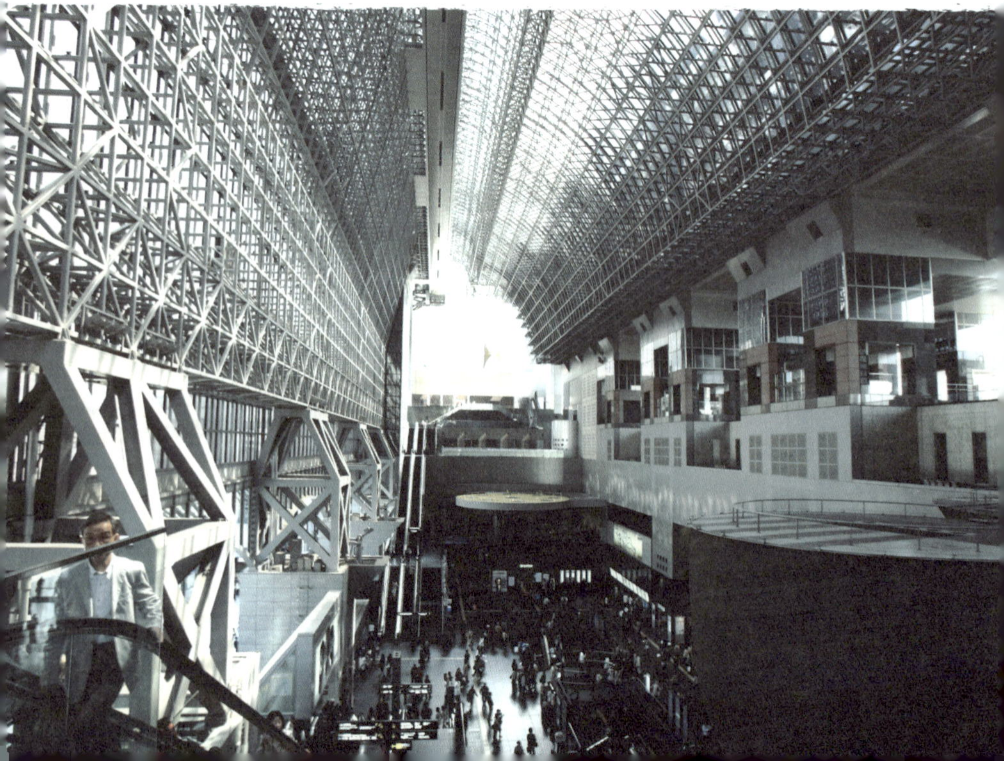

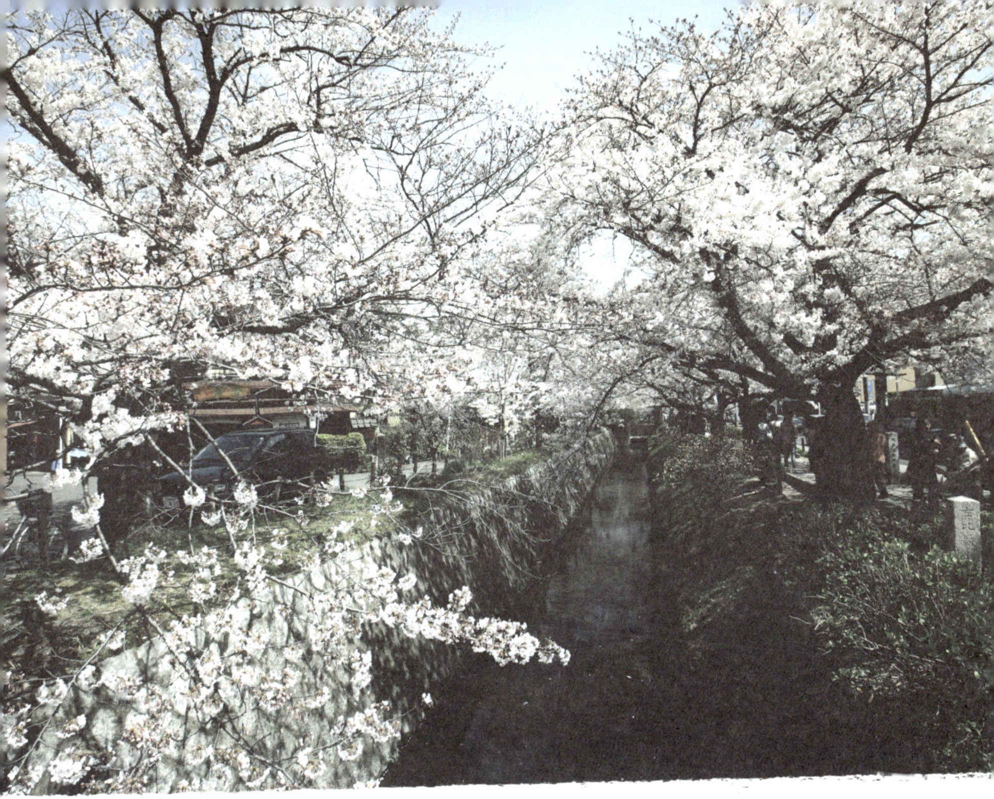

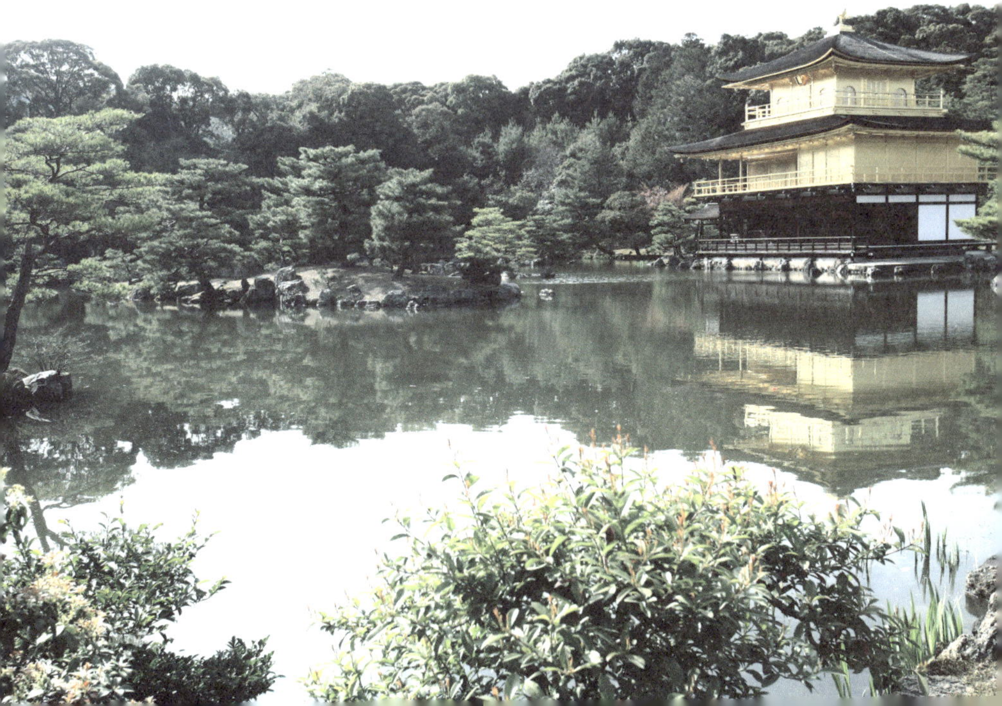

반대편으로 날아가서 뒤통수를 세차게 얻어맞듯 심한 문화적 충격을 받고 그 충격으로-수퍼영웅들이 아주 우연한 기회에 초능력이 생기듯-이전보다 조금 더 나은 사람이 되고 싶었다.

L이 나에게 선물한 책들 중에 〈Lost Japan〉이라는 일종의 문화서적이 한 권 있는데, 이 책을 읽으며 내 자신이 어쩔 수 없는 한국인임을 깨닫게 되었다.

그 책의 저자 알렉스 커(Alex Kerr)는 옥스퍼드에서 중국학과 아시아학을 공부한 서양인으로 〈Lost Japan〉은 한마디로 말해서 일본문화에 대한 찬사로 가득 찬 책이다. '일본문화에 바치는 찬사'라고나 할까. 저자는 이 책으로 일본 내 명망 높은 어느 상을 받기도 했는데 그는 이 상을 탄 일본 최초의 외국인이라고 한다.

저자는 20대 시절 우연히 오게 된 일본에 완전히 매혹되어 이야(Iya) 마을이라는 외진 곳에 전통가옥을 한 채 구입, 그걸 완벽하게 복원해 낸다. 사실, 〈Lost Japan〉이라는 이 책의 원제인 일본제목은 가부끼 연극에 등장하는 난해한 용어로 '분장한 배우가 마지막으로 관객을 돌아보는 찰나의 순간'을 의미한다고 한다. 일본인도 모르는 일본 전통문화에 깊숙이 빠진 저자는 현재 서예를 가르치며 일본에서 몇십 년째 거주 중이라고.

그 책에서 가장 인상적이었던 것은 정작 내용보다도, 아시아 문화에 대해 지적인 소양을 갖춘 어느 서구인을 평생에 걸쳐 이렇게까지 매료시킬 수 있는 요소가 일본에 존재한다는 사실이었다. 하버드대의 한국학 연구소장 맥킨 교수도 김소월 시를 줄줄 읊고 간단한 시를 지을 수 있을 정도로 한국에 정통했다지만 귀화 생각은 아직 들려오지 않는 것으로 보아 한국에 대해 그가 느끼는 매력은 직업과 연관된 정도로 끝날 뿐 그 이상은 아닌 것 같다.

마침 L과 나 모두에게 3박 4일 연휴가 생겼다. 필리핀 세부 (Cebu)-우리는 그곳의 값싸고 맛있는 돼지갈비에 완전히 매혹되었다-왕복을 끊으려고 했는데 웨이팅이라 망설이던 차에 돌연 오사카 여행이 대안으로 떠올랐다.

"벚꽃이 한창일 때야."

L은 일본행을 내켜하지 않는 나를 설득하기 위해 이렇게 말했는데, 사실 그 또한 그다지 열의가 없었기 때문에 그 말을 했을 뿐 진짜 나를 제내로 유혹하려고 했다면 꽃 이야기는 하지 않았을 것이다. 봄꽃이 흐드러지게 핀 길을 다른 사람들 틈에 섞여 천천히 거닐며 자연미에 대해 반추하는 것만큼 지루하고 노인스러운 행위도 드물지 않을까.

아. 그러고 보니 나도 이제 충분히 나이가 들었다는 것에 생각이 미쳤다. 먼 훗날을 위해 아껴두었던 이웃 나라를 방문하기에 이미 너무 이른 시간이 아닌 것이다.

그래서 어느 화창한 봄날, 우리는 일본으로 날아갔다.

작은 것의 미학

　나이 들면 빨간색이 좋아진다지만, 나이에 상관없이 빨간색은 여전히 원색이고 원색은 강렬한 색이고 강렬한 것은 자칫 촌스러워지기 쉽다.

　색상이 강렬한 것은 윗도리를 입어서 용케 가리면 된다지만 사상이 강렬한 것은 그러기도 힘들다. 극렬함은 유년기의 상징인바 유치하다는 이유로 빨간색을 싫어하던 나는 같은 의미에서 지나치게 강조되는 민족주의에 피곤함을 느꼈다. 그러나 20년 넘게 주입받은 교육의 힘에서 완전히 탈피하는 것은 나 아니라 누구라도 불가능한 일이었다.

　"시끄러워! 너희들 혼자 탄 차도 아닌데 이제 그만 떠들고 조용히 좀 해!"

　오래 전 태국-캄보디아 국경에서 씨엠립으로 가는 미니버스에 어린 일본인 3인조와 함께 탄 적이 있었다. 그 애들이 어찌나 떠들어대던지 조수석에 앉아있던 나는 어느 순간 발칵 성을 내고 말았다. 노처녀 히스테리만은 아니었고, 그 시끄러운 언어가 하필 일본어가 아니었더라면, 그렇다면 나는 감히 그렇게 심한 분노를 생전 처음 보는 사람-그것도 무려 세 명-에게 폭발할 수 있었을까.

　"무섭다."

　언젠가 일본 학생들을 대상으로 행해진 어느 앙케트 결과를 읽은 적이 있는데, 한국인에 대해 일본인이 어떻게 느끼는지 조사한 것이었다. '한국인' 하면 일본인이 떠올리는 이미지 중 가장 많이 나온 것이 '무섭다'였다.

오사카 난바 스위소텔(Swissotel) 매니저도 내가 좀 무서운 듯 했다. 단정하게 앞가르마를 탄 모습이 영화에 나오는 전형적인 일본순사의 이미지에 훨씬 유순하고 공손한 표정을 가진 남자였는데, 처음에는 우리를 일본 사람으로 안 듯 일본어를 하다가 곧 멈췄다.

"하루 더 묵었으면 좋겠는데 방 있나 봐 주세요. 예약할 때는 만실이라고 들었는데요."

간단하고 분명한 몇 마디 영어였지만 그 순간 매니저의 얼굴에는 분명히 조금 두려운 기색이 떠올랐다. 오사카 스위소텔은 별 4개 정도의 호텔로 편리한 위치-난바 역 바로 위에 있다-때문에 시설에 비해 고평가된 면이 있긴 하지만 그래도 오사카 제3의 호텔이라고 했다. 직원들의 영어실력은 이에 미치지 못했다.

그러나 매우 친절했다. 방콕이나 홍콩보다 확실히 그랬다. 두 손으로 떠받들듯 키를 내주었고 잘 지내라고 간곡히 말했다. 방까지 우리 짐을 날라다 준 깡마른 젊은 남자직원은 팁을 주려고 하니 화들짝 거부하며, "재패니즈, 노 팁!"이라고 허겁지겁 말했다. 코리안, 땡큐!

일본 호텔의 가장 큰 단점이라면 방 사이즈다. 폐소공포증이 있는 나로서는 답답하기 짝이 없이 조그만 방이었다. 화장실은 더욱 작았다.

우리가 웃음을 터뜨린 것은 그 다음날 아침이었다. 샤워를 하기 위해 욕실에 들어갔던 L이 낄낄 웃으면서 튀어 나왔다.

"야, 너무 귀엽다. 거울에 그려놓은 것 좀 봐."

욕실에 들어가니 성에 방지액을 발라놓았는지 물안개로 뿌옇게 흐려진 거울 복판에 정사각형으로 맑은 부분이 남아 있었다. 대단한 것은 아니지만 상당한 성의가 느껴지는, 여태 그런 것은 다른 어느 나라 호텔에서도 보지 못했다.

스위소텔에서 잔 방은 26평방미터 정도였는데 그 다음으로 묵은 난바 워싱턴 호텔은 이보다 훨씬 더 작아서(18평방미터) 그야말로 침대 빼면 남는 공간이 거의 없었다. 화장실은 기차의 그것을 연상시킬 정도로 조그맣고 컴팩트 했다. 그래도 잊지 않고 비데가 달려있는 것을 보니 일본은 한국보다 비데문화가 활성화된 것 같다.

"야, 이 호텔도 그거 그려놓았어. 귀엽다."

난바 워싱턴에서 하루 잔 다음날 아침 또 L이 낄낄 웃으며 나오기에 들어가 보니 스위소텔과 똑같이 목욕할 때 나온 수증기로 흐려진 거울 복판에 정사각형 맑은 부분이 남아 있었다.

단순히 예쁘고 맛있는 과자와 빵, 케이크를 잘 만들고 가이세키 데코레이션에 신경을 쓰고, 노트북과 자동차 잘 만드는 손재주를 넘어서서 발상 자체가 저렇게 섬세하고 아기자기하다면 서비스 분야에서도 강점을 보일 수밖에 없겠다.

일본에서 만난 서비스업 종사자들은 백이면 백 매우 친절했고 예외라고는 끊임없이 밀려드는 외국인의 물결에 지친 듯 피곤해 보이는 교토의 버스 운전사 한두 명뿐이었다.

"겉으로야 친절하지. 일본인은 겉모습을 믿으면 안 돼. 속마음(혼네)은 다르거든."

이런 말은 너무하다. 겉모습과 속모습이 똑같은 것은 오늘날 부모나 배우자에게조차 기대하기 힘든 덕목이 아닌가 말이다. 여행자인 내가 이국에서 원하는 것은 속속들이 친절한 것이 아니라 제발 겉만이라도 친절한 것이다. 그것이면 충분하다.

오래 전 캄보디아 가는 길에 신이 나서 떠든다는 이유만으로 앞자리에 탄 무서운 한국인에게 실컷 욕을 먹은 일본인 3인조도 그걸 바랐을 것 같다. 부디 겉만이라도 친절한 것을.

이자까야 경험

'탐(貪)'에 대해서라면 나는 그다지 상관이 없다. 무언가를 열히 탐하려면 에너지와 돈이 필요한데 여태 둘 중 어느 것도 충분하게 가져본 적이 없으니까.

반면 L은 탐미주의자적 기질이 다분한 남자다. 자신은 물론 남들의 옷이나 머리모양에 전혀 관심이 없어 매사에 털털할 줄 알았는데 알고 보니 그가 미적 대상으로 관심이 없는 것은 오직 인간뿐이었다.

L로 말하자면 자신의 눈에 속 쌍꺼풀이 있는 것조차 내가 말해주기 전까지 30년 가까이 모르고 살던 사람이다. 그런 그가 비싼 돈 주고 〈Wall Paper〉를 정기 구독하여 나를 놀라게 하더니 언젠가부터는 그로피우스(Gropius)가 디자인한 아름다운 식기에 관심을 보였다. 시간이 흐르며 탐미뿐 아니라 탐식의 기질도 서서히 발현되었다. 몇 년 전부터 미식가의 본색을 점차 드러내며 버는 돈의 상당부분을 먹는 것에 쓰고 있다.

L은 이번 오사카 여행의 목적 중 하나를 훌륭한 생와사비와 그에 걸맞는 상어강판을 구입하는 것에 둘 만큼 일본요리에 관심이 컸다. 신라 호텔에서 근무하던 일식 조리사 안효주씨가 저술한 〈이것이 일본요리다〉를 사서 열심히 읽고 초밥집에 가서도 옆자리 사람과의 대화보다는 앞에서 초밥 쥐는 조리사의 손놀림에 주의를 기울였다.

그러나 기대와는 달리 오사카에서 우리가 택한 식사는 그리 호화로운 것이 못되었다. 싸게 한 끼 잘 때울 곳이 너무 많아 굳이 비싼 정통식을 찾아 헤맬 생각이 들지 않았던 것이다.

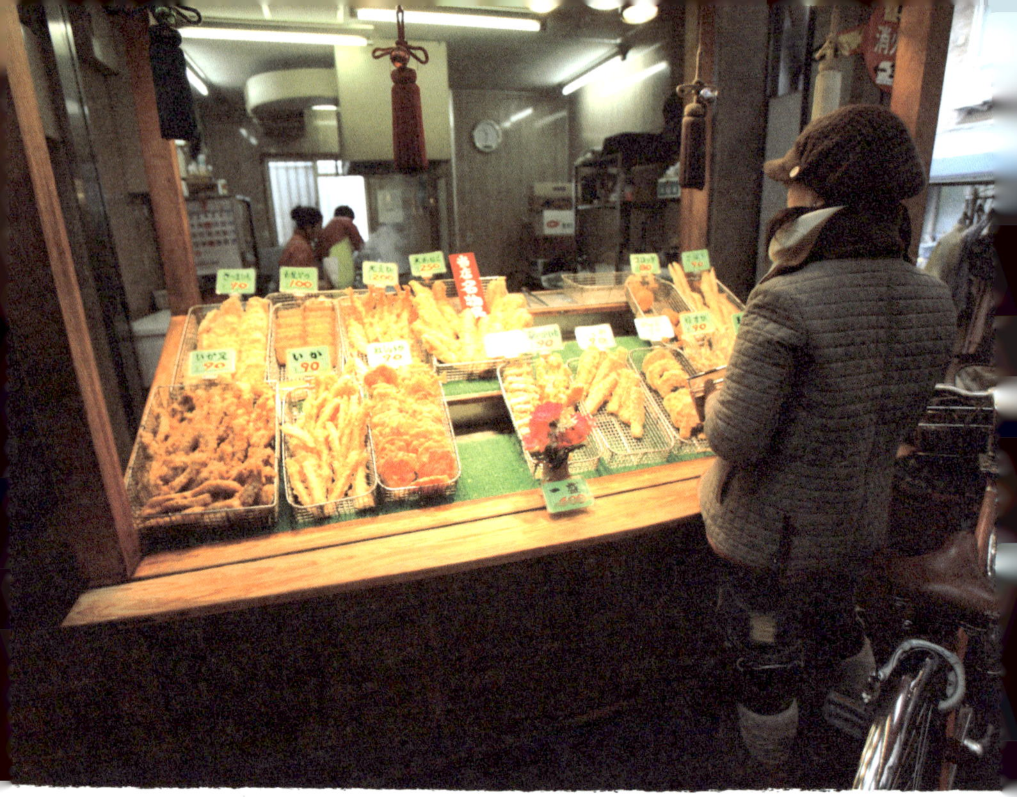

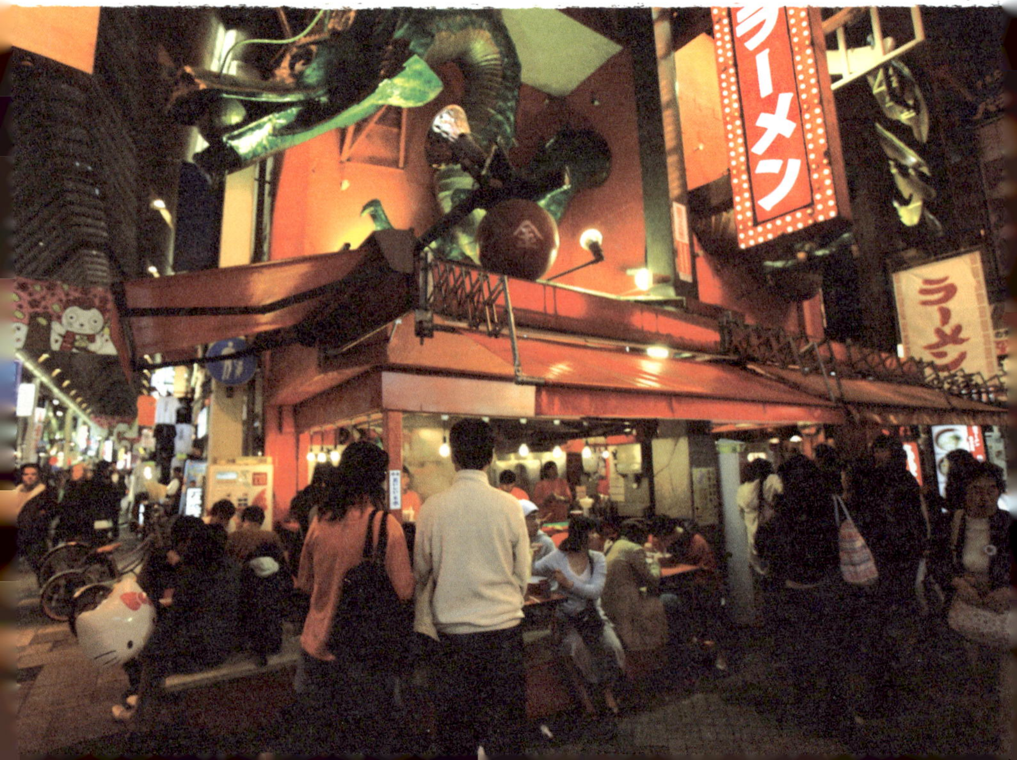
ラーメン
ラーメン

特価
切り餅
100グラム 135円を
100円(税込)
大阪黒門市場
わらび餅
おかざり
¥120
抹茶きなこ
わらびもち
¥350

日のお買い得!
多 辛子明太子
パック¥990
日の
玉商品

赤鬼
赤鬼
大阪に来たらやっぱり
赤鬼のたこ焼き
大阪名物 たこ焼き
赤鬼
ちゃぷ
ちゃぷ
400円

그 중에서 가장 기억에 남는 것은 도착한 첫 날 호텔 근처의 어느 이자까야에서 먹은 저녁 식사다. 점심에는 밥도 팔지만 저녁에는 주로 술집으로 영업하는 곳이었는데, 테이블보다는 바 위주로 운영되는, 10명 남짓 앉을 수 있는 좁다란 바 뒤편으로 조리사 몇 명이 열심히 요리하는 전형적인 소규모 이자까야다.

조리사들은 물론 음식 나르는 유일한 여직원도 친절하긴 하나 영어라곤 전혀 하지 못했다.

"드링크 메뉴!"

내가 일본어로 쓰인 메뉴를 코에 박고 난감하게 끙끙거리자 마침 옆 자리에 앉았던 일본 남자-머리를 길게 기르고 일본 남자 특유의 예술적 느낌을 풍기는-가 도와주었다.

"드링크 메뉴!"

눈을 끔벅이는 나를 향해 안타까운 듯 다시 외친다. 내가 연구하고 있던 메뉴가 식사가 아니라 모두 드링크 메뉴, 즉 '술안주'라는 뜻이었다. 혹 영어를 할 줄 아나 싶어 도움을 청했지만 '드링크 메뉴'가 그가 할 줄 아는 거의 유일한 영어였다.

L이 그 옆에 앉아 있는 영감님에게 도움을 청했다. 퇴근 후 혼자 조촐하게 한잔 하러 들린 듯, 전형적인 소시민 스타일의 작고 통통한 노인이었는데 그 역시 영어를 전혀 못했지만 도와주고 싶은지 손짓 발짓을 동원하며 간혹 웃음을 섞어가며 안타까운 한숨을 지었다.

우리만큼 안타깝지는 않았을 것이다. 말이 안 통하는데다, 배가 고파 죽을 지경이었으니까!

두 사람의 헌신적인 도움으로 몇 가지를 주문했다.

1. 전채(연어를 구워서 초절임한 것과 무를 역시 초에 절인 것, 돼지고기 껍질을 튀긴 것)
2. 니기리 스시 한 접시
3. 명란을 갈아 넣은 고로케
4. 사바(고등어) 구이

음식은 하나같이 대단히 맛있었다. 꽝꽝 얼린 유리잔에 넘칠 듯 부어 가져온 맥주는 시원하게 목을 타고 넘어가며 짭짤한 고등어와 시큼한 연어절임, 뜨거운 고로케와 뒤섞여 살살 녹았다. 모든 요리에 육즙이 좔좔 넘치는 것이 매우 훌륭했다.

"해부 어 나이쑤 데이!"

우리가 자리에서 일어나자 미리 준비했던 말처럼 옆 자리 남자는 이렇게 말했다.

"이거 봐요."

호텔로 돌아오는 길에 적당히 취한 내가 기분 좋게 말했다.

"일본은 아직까지는 흠잡을 곳이 하나도 없네. 음식은 맛있고, 값도 나름대로 합리적이고, 사람들은 미안할 만큼 친절하고……"

일본이 뭔가 비난해야 마땅한 곳으로 생각했던 것은 과거사 때문인지, 아니면 우리보다 잘 살고 있는 현재 때문인지 모르겠다. 증오에 질투심까지.

어쩌면 아직 어린 나에게 일본의 사악함에 대해 절절한 어조로 말했던 몇 명의 선생님들 때문인지도 모르겠다. 그 중 어떤 늙은 선생님은 독립투사처럼 부르짖다 목이 메어 교실 전체에 어색한 감동을 가져오기도 했었는데…….

민족은 가족처럼 애증이 어린 공동체다. 그들의 역사에 어쩌다 한 번 얽혀든다는 것은 결정적인 일이다. 시간이 지났고 한 번 일어난 일은 결코 돌이킬 수 없으니까. 증오는 쌓여갈 뿐 해소되는 일은 어지간해서는 없다. 기껏해야 잊혀질 뿐.

역사는 모두의 기억이 되고, 공통의 기억은 오늘날 민족 공동체가 공유하는 가장 큰 특징이다. 우리를 한국인이게 하는 것은 검은 눈과 머리가 아니라 일본에게 시달렸고 일본 이전에 호전적인 못된 나라들에게 시달렸지만 우리는 싸움을 싫어하고 평화를 사랑하는 솜씨 좋은 백의민족이라는 공동체 의식이다. 공동체 의식의 태반은 의도적으로 배양된 기억이다.

어린 시절 일본의 만행에 대해 성토했던 선생님은 악독한 일제를 직접 체험한 적이 짧게나마 있었을지도 모르지만 지금 일본이라는 나라에 대해 내가 가지고 있는 것은 타인이 알려줘 내 것이 된 기억뿐이다.

흐릿한 기억이다. 숙소 근처 값싼 이자까야에서의 만족스러운 저녁 한 끼만으로도 아슬아슬 무너질 듯 부실하기 짝이 없는.

밧데라 스시

찾았다.

처음 그것을 발견한 것은 교토 기온 거리(street) 버스 정류장 앞이었다.

기온이 어디냐 하면 전통복식의 게이샤를 구경할 수 있는, 옛 모습이 그대로 남아있는 교토의 유명한 관광지로 카메라를 든 외국인들이 즐겨 찾는 그런 곳이다.

그것은 L이 찾아 헤매던 밧데라 스시를 전문으로 만드는 듯한 식당이었다. 쇼윈도 너머로 은빛으로 빛나는 시메사바가 얌전히 진열되어 있었다.

'밧데라'란 포르투갈 어로 'vessel'이란 뜻이라고 들었다. 모양 때문에 그런 이름이 붙었는지는 모르겠으나 여하튼 관서지방 특유

의 틀초밥을 뜻한다. 고슬고슬한 밥을 슬쩍 쥐어 만드는 니기리 스시와는 달리 밥의 간이 강해서 시고 짜며 따라서 오랫동안 보관이 가능하다. 일반 고등어 초밥과 비슷하지만 또 다른 맛이다.

L이 이 초밥에 왜 그렇게 집착하게 되었는지는 알 수가 없다. 아마 얇은 귀 때문일 것이다. 즐겨 가는 일식당의 조리사가 밧데라 스시는 교토의 명물이니 가면 꼭 맛을 보라고 말했다는데 그렇다고 그 스시를 진작 먹어보지 못한 것도 아니고, 여하튼 그는 오사카에 도착한 후 줄곧 어서 밧데라 스시를 먹어야겠노라는 말을 되풀이했다.

"밧데라 없나?"

거리에 보이는 일식당의 쇼윈도를 지나갈 때마다 이렇게 말했다. 마침내 어느 식당 유리창 너머로 바로 그 고등어 초밥을 보는 순간 내 머리에 가장 먼저 떠오른 것은 이제 그 말을 더 이상 안 들어도 되겠다는 생각이었다.

"하나는 3800엔인데 반만 사면 1900엔입니다."

초밥가게 주인과 종업원의 능숙한 한국어를 듣고 의심을 했어야 했다. 그러나 그때 우리는 너무 많이 걸어 녹초가 되어 있었고, 배가 몹시 고팠고, 밧데라 스시를 보는 L의 눈이 불을 켠 듯 빛나고 있었기에 주저하지 않고 반근을 샀다.

어른 주먹만한 덩어리에 16000원이니 꽤 비싼 값이다. "다시마는 까고 드세요." 가게를 나서는 우리 등 뒤로 완벽한 발음의 한국어가 들려왔다. 뒤돌아보니 젊은 종업원은 싱글거리며 웃고 있었다.

거리는 여전히 사람들로 붐볐다. 반듯하고 묵직한 스시를 손에 들고 있자니 먹어보고 싶어 견딜 수가 없어졌다. 시큼한 맛을 상상하자 입에 침이 고였다. 내가 이 정도이니 벌써부터 고등어 초밥 노래를 불러온 L은 오죽할까.

"그런데, 이걸 어디서 먹는다지?"

배낭여행으로 잔뼈가 굵은 L의 궁상스러운 기질은 10여년이 넘는 회사생활을 거치면서 거의 사라져 버렸다.

나는 다르다. 주위를 재빨리 둘러보았다. 그러나 공원도, 공터도 없다. 바쁘게 오가는 교토 시민들과 관광객들, 하나같이 예쁘게 꾸민 가게들뿐이었다.

"이쪽으로 와 봐."

나는 개중 비싸 보이는 보석가게, 유리 너머 진열된 보석이 보일 뿐 가게 안에서는 밖이 보이지 않는 구조의 쇼윈도우를 발견, L의 팔을 끌고 그리로 갔다. 누가 보면 비싸서 사지 못하는 보석을 구경하며 안타까움에 끙끙거리는 관광객으로 보이길 바라면서.

우선 밧데라 스시 포장을 풀었다. 반투명의 다시마를 벗겨내고 고등어 반 마리(밧데라 스시는 고등어를 통째로 이용해서 만든다), 대충 6등분이 된 스시 중에서 하나를 집어 L의 입에 넣어주었다. 그리고는 나도 먹었다.

눈부신 보석들을 향해 웅크리고 몰래 먹는 스시 맛은 훌륭했다. 그렇다고 선선히 L에게 말해주었다. 만족스럽게 입을 우물거리며 걸어가다가 그 다음 초밥집에서 첫 번째 집의 정확히 반값에 판매하는 밧데라 스시를 발견하지 않았더라면 끝맛이 더욱 좋았을 텐데.

밧데라 스시를 먹고 싶어 환장하는 조급한 관광객 상대의 가게에서 속았다고 생각했고 지금도 그렇긴 한데, 그 후 백화점 쇼핑코너와 다른 스시집에서 보아하니 똑같은 크기의 고등어 초밥도 값 차이가 두 배 이상 나는 것이 있는 것으로 보아 꼭 그렇게 단정 지을 수만은 없을 것 같다. 고등어는 교토지방의 특산물 중 하나다. 밧데라 스시는 전체적으로 생선의 양에 비해 밥이 너무 많은 듯한 느낌인데, 물자 절약 말고 무슨 의미가 있는지는 모르겠다.

L이 하도 맛있다고 하는 바람에 밧데라 스시를 더 사다가 그 다음날 아침을 그걸로 먹었다. 그는 간사이 공항으로 향하는 라피도 열차를 타기 직전에도 가까운 다카시야마 백화점 지하로 날듯이 뛰어가 단정하게 포장된 밧데라 두 개를 더 사왔다. 서울에서 기다리는 어머니들께 바치고 싶다고 했다.

일본산 고등어 초밥은 내 노트북 가방 앞주머니에서 짜부가 된 채 무사히 서울에 도착했다.

"음, 맛이 괜찮긴 한데, 밥이 좀 너무 많다."

두 어머니의 공통된 반응이다.

다음은 어느 요리책에서 찾아낸 밧데라 스시의 간략한 레시피이다.

준비물 : 초에 절인 고등어, 초밥, 초생강, 시라이다곤부(하얀 다시마) 1장,
　　　　와사비 적당량.

1. 고등어 반쪽을 등쪽에 칼을 넣어 벌린다.

2. (김밥 마는) 발에 물기를 꼭 짠 깨끗한 거즈를 깔고 고등어를 놓은 다음 와사비를 바르고 물기 짠 초생강을 놓는다.
3. 초밥을 고등어 위에 놓는다.
4. 김밥을 마는 것처럼 만다.
5. 양념을 하여 졸인 하얀 다시마를 고등어 위에 씌워 잘라낸다.

맛있게 드시길!

고독에 대해서

두 사람이 함께 간 여행이고, 번번히 싸운 일도 없었는데, 일본에서 지낸 사흘 내내 고독했다. 왜 그렇게 느껴졌는지 잘 모르겠다.

도시는 워낙 고독한 곳이다. 푸른빛이 거의 없는 회색 공간에 사람들은 앞만 보고 뚜벅뚜벅 걸어가고 그 중에 내가 아는 사람은 한 명도 없다. 대도시인 오사카에서 고독을 느낀 것은 당연하다고 치고, 오사카보다 도시화가 덜 된 교토의 화사한 길거리를 걸으면서도 계속 그런 기분이 들었다.

봄-내게는 일 년 중 겨울 다음으로 기분 나쁜 계절이다-이라서인지, 나이가 들어서인지, 그도 아니면 모처럼 방문한 일본이 너무 심심하고 맹맹하게 느껴졌기 때문인지도 모르겠다. 모르겠다는 말이 왜 이렇게 자주 나오는지도 모르겠다. 바보가 되어버린 것일까.

이상한 것은 L도 나와 비슷한 기분을 느꼈다는 것이다. 허우적거

SUPER DRY
Asahi
本場の味
かに道楽
震災の能登で、ボランティア20人が車中泊。1週間
イダーマン3
TSUTAYA
クオ

리며 길을 걷다가 간혹 나를 돌아보며,

"둘이 와서 다행이야. 혼자 왔더라면 외로웠을 것 같아." 이런 말을 했다.

……혼자가 아니라 둘이면 덜 고독한가.

의사소통의 실패는 고독의 큰 이유가 된다. 일본어를 지껄이는 일본인들 앞에서 영어 몇 마디 건네다가 포기하고 L을 보았을 때, 나와 똑같은(똑같을) 정도로 난감한 표정을 짓고 있는 그의 모습에서 내가 느낀 이질감은 처음보다 더욱 확장되었을 뿐 나아지는 것이 없다. 두 사람도 이럴 지경인데 대가족을 거느리고 일본을 찾은 가장은 얼마나 더 고독할까.

L이나 나나 모두 길눈이 어두운 탓에 엄청나게 길을 헤매야 했다. 위치 좋기로 이름난 스위소텔(난바 역 바로 위인데, 난바 역이 거대해서 많이 걸어야 한다)에 묵으면서도 들고 날 때마다 반드시라고 해도 좋을 정도로 방향을 잃고 오랫동안 헤맸다. 헤매는 것은 이방인 또는 바보들이나 하는 짓인데.

"바보가 일본어로 뭔 줄 알아?" 내가 물었다.

"몰라. 뭐지?"

"그것도 몰라? 한국어를 좀 더 세게 말하면 돼."

"그럼……빠보?"

"빠가야로(우리말의 바보와 어감이 좀더 비슷한 일본어는 '아호'라고 한다)"

밤이면 선술집에 가서 맥주를 마시는 것이 즐거웠다. 심각한 얼굴로 열심히 요리하는 조리사 앞 카운터에는 주로 커플 아니면 혼자서 온 사람들이 앉아 있었다. 한국보다 확실히 혼자 먹거나 마시는 사람의 숫자가 많은 듯했다.

뭐든 혼자서 잘하는 것의 유일한 단점이라면 주변에 누군가 있는 것을 점점 더 못 견디게 된다는 것 정도다. 혼자서 여행 오면 아침 늦게까지 숙소에서 빈둥거리는 것이 일이었는데 두 사람이 방을 쓰니 아침 일곱 시부터 일어나서 화장실 간다, 물 마신다, 켈룩켈룩 기침 한다, "일어났어?" 하고 물어보는 소리까지……나 아닌 사람의 존재감은 원래의 나를 짓눌러 마침내 사라지게 하고 새로운 나의 탄생을 재촉하는 것 같다. 응애!

상자처럼 비좁은 방을 빠져나와 한국인과 일본인, 그 밖의 국적을 가진 다양한 사람들로 붐비는 워싱턴 난바 호텔의 식당-'차이나 테이블'이라는 이름이었다. 왜 그렇게 붙였을까-에서 숙박비에 포함된 뷔페식 조식을 먹으며 옆 테이블에서 들려오는 단절적인 모국어와 L이 고양이처럼 조용히 밥 먹는 모습, 입 안에서 목구멍으로 넘어가는 쌀죽-일단 쌀죽을 보자 그 옆에 놓인 쌀밥과 다른 음식들이 너무 껄끄럽게 느껴져 결국 쌀죽 한 공기로 아침을 끝내고 말았다-의 미적지근한 점성을 느끼며 지금껏 어떤 여행지에서도 이렇게 외로워본 적은 없다는 생각이 들었다.

아마 착각이겠지만.

행복을 위하여

'삶'이란 단어는 어지간해서는 쓰고 싶지 않은데, 학창시절 지겹던 사회나 윤리과목 교과서 본문, 혹은 지역 소식지 앞면에 조그맣게 나오는 〈삶의 향기〉라든가 〈우리네 아버지의 삶〉 등 첫 문장을 읽으면 곧바로 전체 스토리에 마지막 문장까지 예상 가능한 진부한 에세이가 떠오르기 때문이다.

일본을 싫어하는 사람도 있고 미국을 싫어하는 사람도 있지만, 내가 가장 싫어한 것은 뭐든 '뻔한' 것이었다. 어린애 대상으로 쓰여진 쉬운 만화책처럼, 누구나 얼마든지 이해가능한 사람이 되기는 싫었다. 철없던 시절 나는 그렇게 생각했는데 지금이라면 표현을 조금 순화시켜서 이 정도로 말하는 것이 좋겠다. "남보다는 자신에 대해 더 할 말이 많은 사람이 되고 싶어요." 라고.

진부해지지 않으려고 몸부림을 치다가 결국 그 과정마저 진부함을 느끼고 조용히 입을 다물게 되는 것이 인생인 것 같다. 내 나이쯤 되면 어떤 것이 괜찮은 삶인가 시간을 들여 생각하지 않을 수 없는 것이다.

"일단, 즐겁게 사는 것이 가장 중요한 것 같아."

L의 말이다. 노력은 결국 운명을 당할 수 없고, 어려서부터 각종 풍상을 많이 겪은 그는 나에 비해 인생에 대해 몇 마디 논할 수 있는 자격이 충분하다고 할 만했다.

"즐겁게 살기 위해서는 스스로 노력을 해야지, 그냥 가만히 앉아서 상황이 저절로 즐거워지기만을 기다려서는 안 될 것 같아."

"노력이라니, 이를 테면 어떤 것을?"

"예를 들자면, 이달고(집에서 기르던 강아지인데 실종되었다)를 잊고 새롭게 착하고 영리한 래브라도 리트리버 강아지를 한 마리 데려와서 정성껏 기른다든가, 두 마리도 좋고, 아니면 옆 마당에 예쁜 정자를 하나 짓는다든가."

"정자? 그건 뭣 하러?"

"그냥. 여름에 그 그늘에 앉아 있으면 시원하고 좋을 것 같아……."

실제로 L은 더 즐겁고 충만한 삶을 위해 많이 노력하고 있다. 자전거도 사고 텃밭 가꿀 계획도 짜고 있다. 〈이것이 일본요리다〉라는 제목의 요리책도 사서 열심히 읽었다.

그는 귀찮아하는 나를 이끌고 오사카 구로몬 시장까지 가서 파랗고 이상하게 생긴 생와사비도 몇 개 구입했다. 근처의 '도구가(부엌용품을 파는 거리)'에서 와사비 가는 상어가죽 강판도 두 개나 샀다. 나였으면 우연히 눈에 띄어 사는 것은 몰라도 일부러 물어물어 찾아가지는 않았을 것이다. 그의 여윈 몸 어디에 그런 활력이 깃들어 있는지 모르겠다.

"네 소원은 뭐지?"

얼마 전 내가 갑자기 물었을 때 그는 약간 고민하다가 이렇게 대답했다.

"네가 더 행복해졌으면 좋겠어."

"왜 그런 말을 하는데?"

"넌 별로 행복하지 않은 것 같으니까."

"맞았어. 난 안 행복해. 오늘보다 더 불행한 내일만 남았다. 불행은 우리 집안 내력이야. 넌 상상할 수 없겠지만 그런 저주받은 사람들이 있어. 혼자 있을 때, 잠들기 직전, 사형선고를 받고 나서야 간신히 그동안의 행복을 인정하는 어리석은 사람들."

농담이다. L의 말이 전적으로 옳다. 행복하다는 것은 좋은 일이고 그러기 위해서는 스스로 노력해야 한다. 행복은 결코 파랑새가 아니다. 어느 날 문득 아름다운 새가 살포시 내 정원에 날아들어 포로롱 노래하기를 기다린다면, 그 꿈 같은 날은 영영 오지 않을 지도 모른다.

행복해져야 한다. 그러기 위해서 할 수 있는 모든 것을 동원해야만 한다. 행복해지기 위해 어떤 사람은 결혼을 하고 다른 사람은 이혼을 한다. 저금을 하거나, 아이를 낳거나, 불륜을 저지르거나, 혹은 보톡스를 맞을 수도 있을 것이다.

수많은 방법들 중에서 우리가 택한 것은 일본행이었고 그래서 없는 시간 쪼개어 오사카로 여행을 다녀왔다. 맛있는 음식을 많이 먹고 차가운 맥주도 여러 잔 마셨다. 벚꽃구경도 했고 나는 생전 처음으로 일본식 질도 구경했다. 생와사비와 상어강판을 사왔으니 이제는 생선회나 초밥을 좀 더 맛있게 먹을 수 있게 되었다. 며칠 되지 않는 시간에 외국에 가고 싶다면, 그렇다면 가까운 일본만큼 좋은 목적지는 많지 않은 것이다.

내가 사는 강원도로 돌아왔다. 그새 복숭아꽃이 만발해서 마당

한켠이 온통 분홍빛이다. 만개한 복숭아꽃은 벚꽃보다 오히려 더 화려하고 근사하다. 그 분홍빛은 L이 사들인 티크벤치와 멋지게 어울리고, 그 옆 텃밭 주변에는 노란 유채꽃이 가득 피어 있다.

이제 겨울이 갔으니 집 주변의 산과 들은 하루가 다르게 푸르러질 일만 남았다. 온통 초록빛으로 뒤덮이면 이곳은 정말 아름답다. 너무나 아름답다. 어서 그렇게 되었으면 좋겠다.

여러분도 기분 좋은 내일 맞으시길!

Afternote

원점으로 돌아와서, 다시 이런 질문을 받게 된다면.

여행을 왜 합니까.

앞서 나는 이렇게 대답했다. 건전한 호기심 충족을 위해서.

그러나 이보다 더 간단하고 옳은 답이 있다는 것을 깜박 잊고 있었다. 간단한 것이 항상 옳지는 않지만 옳은 것은 대체로 간단하다. 따라서 정정해야겠다.

여행을 하는 이유는 우리의 다른 모든 소소하거나 중대한 행동들의 이유, 다시 말해서 영어단어를 외우는 이유, 보톡스를 맞는 이유, 결혼 또는 이혼을 하는 이유, 나아가 오늘을 사는 이유와 다를 것이 하나도 없다.

지금보다 더 행복해지기 위해서.

그것이 여행을 떠나는 목적이다. 최소한 나에게는 그렇다.

가장 좋았던 여행지가 어디입니까.

버마와 콜롬비아. 버마는 사람들이 친절했고 콜롬비아는 여자들마저 친절했다.

가장 별로였던 여행지는 어디입니까.

가나. 사진 찍으려다 얻어맞을 뻔 했고 그로부터 며칠 뒤 실제로 (돌멩이로) 얻어맞았다. 아얏! 하는 비명이 절로 나올 만큼 아팠고 죽을 때까지 이 일이 뇌리에서 지워지지 않으리라 생각했지만 역시 착각이었다. 이젠 거의 잊었다. 다행스럽게도, 불쾌한 순간보다는 행복한 기억들이 훨씬 더 많다. 대개 혼자였고 별로 외롭지는 않왔다. 괜히 왔다는 후회가 든 적도 있었지만 여행이 끝날 때까지 그 생각이 지속된 적은 한 번도 없었다. 사고나 부주의로 다친 적이 몇 번 있었지만-화상 입은 한 번을 빼고-금세 다시 멀쩡해졌다. 언제나 나의 안전을 기원해준 어머니와 너그러이 여행자금을 빌려주신 아버지 덕분이다. 그분들의 딸로 태어난 것이 기쁘고 자랑스럽다.

이 책의 제목은 다음의 시에서 따왔다.

머나먼 곳에서,
밤과 아침과 열 두 방향의 바람이 부는 하늘로부터
나를 자아낼 생명의 본질이 불어와
지금 나는 이곳에 있다.

이제-숨결이 한 번 스치는 동안 나는 기다리고 아직 흩어지지 않는다-
어서 나의 손을 잡고 말하라.
그대 마음속에 있는 것을.

지금 말해다오, 그러면 내 답할 테니
내가 너를 어떻게 도와야할지, 말하라
바람의 열 두 방향으로
끝없는 나의 길을 떠나기 전에.

- 〈슈롭셔의 젊은이〉(A Shropshire Lad, 1896) 중에서.
  A. E. Housman (1859-1936)

이제는 추억이 된 사람들, 그리고 이 책을 위해 애써준 분들께 감사드린다.

그리고 연석에게, 가장 좋은 친구에게, 같은 시간과 공간에 태어난 행운에 감사하며.

박정석